文庫ぎんが堂

ゼロからわかる

日本神話・伝説

かみゆ歴史編集部

はじめに

日本人が歴史に興味をもつきっかけは、メディア作品によるところが大きい。実在の人物の事績はもちろん、忍者、陰陽師、怨霊、妖怪といった伝承・伝説は、現在は小説や映画、漫画、アニメ、ゲームで人気の題材である。日本の伝承や伝説は、なぜこれほどバラエティに富んでいるのだろうか。

その要因のひとつは、近代よりはるか昔から歴史人物や事件をモチーフとして物語がつくられ、おもしろくなるよう脚色に脚色を重ねられてきたからだ。脚色のはじまりは、平安時代の説話集に求められることが多い。説話とは、実際に起きた事件として言い伝えられる物語のこと。そのため、天皇や時の権力者など、実在の人物にまつわるエピソードも多い。しかしながら、これらの説話はその人物の死後に語られたものばかりだ。たとえば源頼光《みなもとのよりみつ》の妖怪退治。源頼光は平安時代にその武勇で立身出世を遂げた実在する武士だが、妖怪退治を行ったという話は、頼光の同時代史料の中には見受けられない。後世の人が、頼光の勇敢さをより際立たせるために「頼光は異形の妖怪相手にも臆さない」と、妖怪退治のエピソードを付け加えたのだ。さらに、説話から能舞台、人形浄瑠璃、歌舞伎、浮世絵、そして現代のサブカルチャーと、さまざまなメディア作品の中で「頼光の妖怪退治」エピソードが取り上げられていくうちに、頼光は史実での事績よりも、脚色された「妖怪退治のプロフェッショナル」というキャラクターの方が有名になってしまったのだ。

本書では各人物を紹介する際に、歴史上のできごと＝〝史実の日本史〟と、後世の人の手によって、より魅力的に脚色された伝承・伝説＝〝アナザー日本史〟の両方を記載するよう努めた。1章では、歴史書の体裁ではあるものの、〝日本最古の伝説〟と解釈することもできる『古事記』『日本書紀』に登場する神々を解説。2章では前述の源頼光など、妖怪・鬼退治のストーリーを列挙した。また、3章では偉業を讃えるうちに超人的な伝説が脚色された人物、4章では大衆文化に取り上げられ人気を博した歴史ヒーロー、5章ではその業績を後世に言い伝えるために神格を得た人物を紹介する。

〝歴史書〟にはない奇想天外で摩訶不思議な〝アナザー・ジャパン〟の世界へ、いざ参ろう。

かみゆ歴史編集部

ゼロからわかる日本神話・伝説　目次

1章 日本神話の神々

2章 妖怪退治の伝説

3章 異能者と謎多き人物

4章 武者・忍者・剣豪

5章 神としてまつられた人物

本書の見方

アマテラス
別名 天照大神（あまてらすおおみかみ）、大日孁貴神（おおひるめのむちのかみ）など
①
日本神話における最上位の太陽神
イザナギ［→P14］が禊をした際に左目より誕生した女神。彼女は父の命令に従い、天界の高天原を支配していた。しかし弟のスサノオ［→P20］の狼藉に怒り、彼女が天岩戸《あまのいわと》へ隠れたため世界は闇に包まれることとなる。その後、彼女は外に引き出され世界に光が戻ったという。のちに葦原中津国（地上）へ子孫を送り込み支配させ、皇室の先祖神となった。
時代 神代
神格 太陽の女神
神社 伊勢神宮（三重県）など
登場作品 『古事記』『日本書紀』
②
三貴子
アマテラス、ツクヨミ、スサノオのこと。彼らの父、イザナギは黄泉国から逃れた際、日向の阿波岐原で禊を行い、鼻からはスサノオ、右目からはツクヨミ、そして左目からはアマテラスが誕生。「最後に3神の貴子を得た」とイザナギが言うとおり、彼らはイザナギがうんだ最後の神となった。
三種の神器
八咫鏡、八尺瓊勾玉、草薙剣のこと。天孫の証とされ、天皇が継承する。
③
16

①本名や異名、幼名、諡号《しごう》（死後におくられる名）などを記載

②紹介する神々、人物の情報をデータ的にまとめたもの

【時代】…活躍した時代

【生没年】…実在する人物かつ判明している場合のみ記載

【神格】【地位】【種族】…神には神格、実在の人物には地位、妖怪など異形の者には種族を記載。実在かつ神格化された人物についてはいずれか、もしくは両方を記載している

【神社】【ゆかりの地】…神はまつられている代表的な神社、実在の人物は出生地や墓所など縁深い場所を記載する

【登場作品】…登場するおもな書物

③関連する武器や宝物、歴史的事象や用語などの情報を説明している

注意
日本神話の神々や伝説的な人物は伝承や文献、メディアによって異なった逸話、設定が伝わっているものが少なくない。本書で取り上げているのはそのうちの一部である。各神・人物の名前はわかりやすさを重視し、一般的に通りがよいと考えられる名前を見出しに採用している

1章 日本神話の神々

『古事記』と『日本書紀』

性格の異なるふたつの書物と日本創世の歴史

日本神話の原典は『古事記』と『日本書紀』、合わせて「記紀」と呼ばれる歴史書だ。『古事記』は天地開闢《かいびゃく》から推古《すいこ》朝（7世紀頃）を全3巻で、『日本書紀』は天地開闢から持統《じとう》朝（8世紀頃）までを全30巻で記す。稗田阿礼《ひえだのあれ》と太安万侶《おおのやすまろ》が712年に編纂した『古事記』は、天皇と神々の血縁を強調した内容から、国内における天皇の権威づけのためにつくられたとされる。

一方の『日本書紀』は720年に成立。両者の大きな違いは、『古事記』ではオオクニヌシ［→P26］など、ヤマト政権に反抗した人物も魅力的に描いているのに対し、『日本書紀』ではカットされている点だ。これは『日本書紀』が、ヤマト政権の正当性を説くために制作されたからだと考えられている。

日本神話のあらすじ

『古事記』と『日本書紀』は、同じ日本神話の原典だが、語られている部分や内容に違いがある。ここでは日本神話でも特に有名なエピソードを双方から抜粋した。

▶P16

1 天地開闢

世界が天と地に分かれると、イザナギとイザナミ[→P16]は国うみと神うみを行った。ところが、火の神をうんだことでイザナミは命を落とす。イザナギは彼女を生き返らせせようとしたが失敗してしまった。

▶P18

2 三貴子の誕生

イザナギはアマテラス[→P18]・ツクヨミ・スサノオ[→P22]の3神をうみ、高天原・夜・海の国を任せるが、スサノオが海を放棄し高天原で乱暴を働いたため、アマテラスは天岩戸に籠った。

▶P22

3 八岐大蛇退治

アマテラスを天岩戸から引っ張り出した神々は、スサノオを高天原から追放。スサノオは葦原中津国で八岐大蛇(やまたのおろち)を退治してクシナダヒメを助け、結ばれる。

▶P26

4 国譲り

スサノオの子孫で中津国に住むオオクニヌシ[→P26]はスクナビコナ[→P30]と協力し、豊かな国をつくる。すると、アマテラスはタケミカヅチ[→P32]を派遣し、国を譲るよう要求。

▶P34

5 天孫降臨

オオクニヌシから国を譲られたアマテラスは、孫のニニギ[→P34]に三種の神器を持たせ、国の統治を任せた。ニニギはコノハナサクヤビメ[→P34]を嫁にするが、その姉イワナガヒメを拒絶。ニニギの子孫は永遠の命を失うことになった。

▶P42

6 神武天皇の東征

ニニギの子孫カムヤマトイワレビコ[→P42]は兄と全国を統一するにふさわしい土地、大和を目指す。天津神の助けもあり、兄の死や敵襲などの困難を乗り越え無事に大和へたどり着いたイワレビコは即位。神武天皇となる。

▶P44

7 ヤマトタケルの活躍

12代景行天皇の子ヤマトタケル[→P44]はヤマト政権に反抗する地方豪族を征伐したが命を落とした。彼の異母兄13代成務天皇が崩御するとヤマトタケルの子、仲哀天皇が即位した。

▶P48

8 神功皇后の遠征

14代仲哀天皇が神の怒りに触れて崩じたため妻の神功皇后[→P48]は身重のまま朝鮮半島へ遠征し勝利。帰国後うまれた子は継承争いに勝って即位し15代応神天皇となった。

日本神話の舞台と神々の種類

天津神の子孫が牽引したヤマト政権

日本神話のストーリーはおもに3つの世界で繰り広げられる。アマテラス［→P18］ら天津神《あまつかみ》が住む天上の世界「高天原《たかまのはら》」、イザナギとイザナミ［→P16］が土壌を固め、オオクニヌシ［→P26］ら国津神《くにつかみ》や人間が住む地上「葦原中津国《あしはらのなかつくに》」、そして亡者がすむ地下「黄泉国《よみのくに》」だ。我々がいるこの地上はもともと国津神が豊かにした世界だが、天津神に統治権が譲られ、以来アマテラスの子孫である天皇が我が国を治めてきたというのだ。

しかし初代神武天皇［→P42］から15代応神天皇までは実在性を裏づける資料が乏しく、架空の存在とするケースが多い。『高句麗好太王碑文《こうくりこうたいおうひぶん》』や『宋書《そうしょ》』にそれらしき記載がある16代仁徳天皇を、実在する初代天皇とすることが多い。

日本神話の神々の系譜

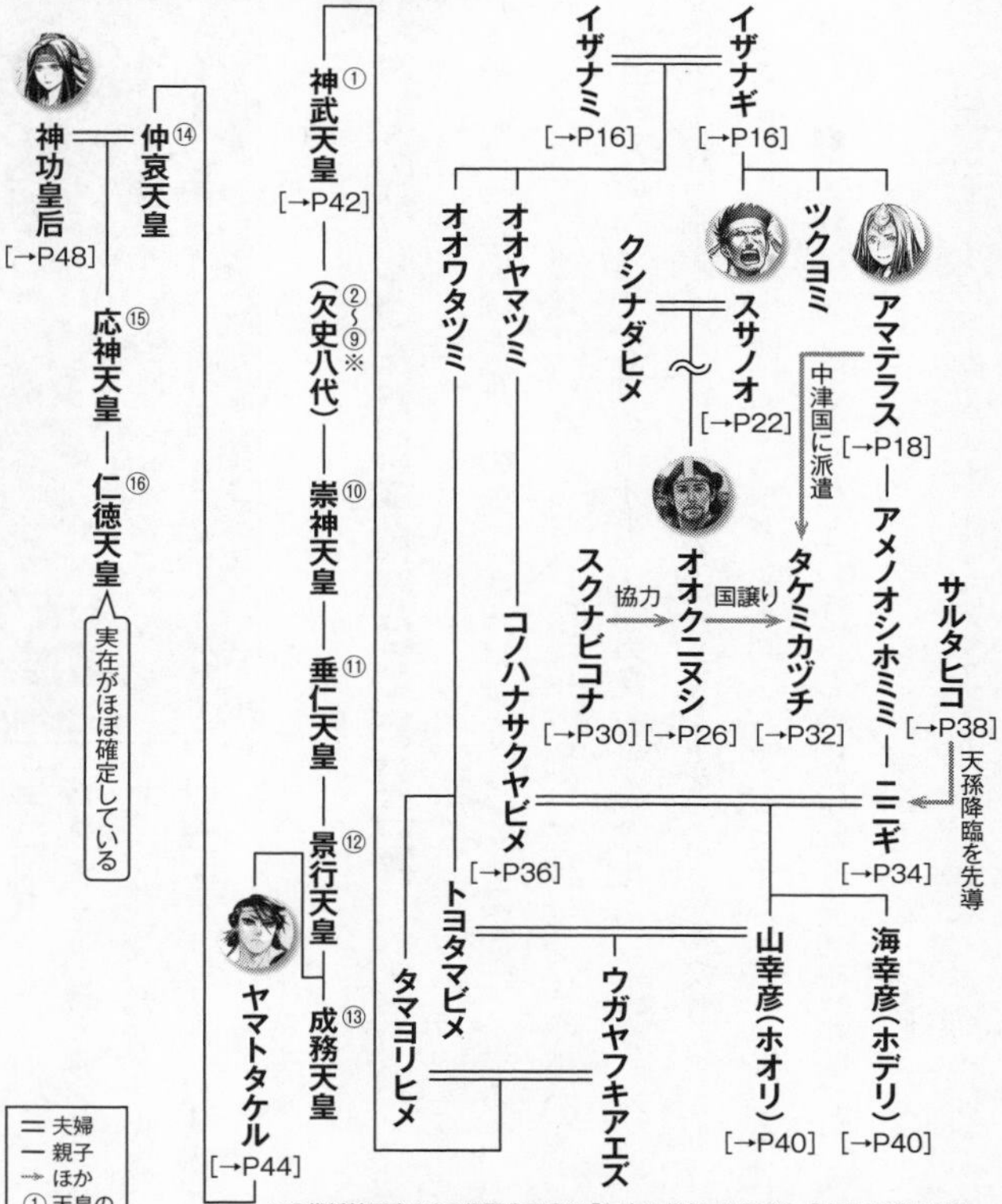

※2代綏靖天皇から9代開化天皇は「欠史八代」とも呼ばれ、『古事記』『日本書紀』での記述も簡素で、血縁関係も不明であるため、省略とする。

イザナギ／イザナミ

別名　伊邪那岐命（いざなぎのみこと）／伊邪那美命（いざなみのみこと）、黄泉津大神（よもつおおかみ）

時代　神代
神格　国うみ、神うみの神など
ゆかりの地　淡路島（兵庫県）など
登場作品　『古事記』『日本書紀』

多くの神をうんだ日本神話はじまりの神

日本神話は天地開闢と神々の誕生からはじまる。『古事記』によると、まずアメノミナカヌシをはじめとする5神が誕生。続いて神世七代の神が誕生、最後にうまれたのがイザナギとイザナミの男女一対の神である。

先にうまれた神々より「国を固めよ」と命令を受けたふたりは、天浮橋《あまのうきはし》に降り立ち、大きな矛を海中に入れてかき回す。すると矛の先から雫が垂れ落ち、その雫が「オノゴロ島」になったという。この島に降り立って結婚したふたりは交わり、日本の島々がうみ出された。この時誕生した島は書物によって異なるが、『古事記』では淡路島・四国・隠岐島・九州・壱岐・対島・佐渡・本州の8島とされる。さらに山や川、草や水などの自然を現す神々をうみ続けたが、火の神カグツチをうんだイザナミは女陰に火傷を負い命を落とす。

イザナギはイザナミを連れ戻すため黄泉国へ足を運ぶ。しかしイザナミはすでに黄泉国の食べ物を口にしており、戻るには黄泉国の神に相談する必要があった。「それまでは、決して私の姿を見てはなりません」とイザナミは忠告するが、待ちきれないイザナギは光を灯してイザナミを追う。そこで彼が見たものは、腐敗してウジが湧いた妻の姿だ。驚いて逃げ出したイザナギだが、怒ったイザナミが追いかけてくる。黄泉比良坂《よもつひらさか》まで逃れたイザナギが岩で道を塞ぐと、イザナミは「あなたの国の人間を毎日千人殺す」と宣言。イザナギも「では私は毎日千五百の産屋を建てる」と宣言し、それからは毎日千人が死に千五百人がうまれるようになったという。イザナミは黄泉国に止まり、黄泉津大神として君臨することになった。

黄泉から逃れたイザナギは禊を行い穢《けが》れを落とした。その際にうまれたのが夜国の主となるツクヨミ、海原を治めるよう命じられるスサノオ［→P22］、そして高天原を治めるアマテラス［→P18］ら「三貴神」という次代の神々であった。

アマテラス

別名 天照大神（あまてらすおおみかみ）、大日孁貴神（おおひるめのむちのかみ）など

時代 神代
神格 太陽の女神
神社 伊勢神宮（三重県）など
登場作品 『古事記』『日本書紀』

日本神話における最上位の太陽神

イザナギ［→P16］が禊をした際に左目より誕生した女神。彼女は父の命令に従い、天界の高天原を支配していた。しかし弟のスサノオ［→P22］の狼藉に怒り、彼女が天岩戸《あまのいわと》へ隠れたため世界は闇に包まれることとなる。その後、彼女は外に引き出され世界に光が戻ったという。のちに葦原中津国（地上）へ子孫を送り込み支配させ、皇室の先祖神となった。

三貴子

アマテラス、ツクヨミ、スサノオのこと。彼らの父、イザナギは黄泉国から逃れた際、日向の阿波岐原《あわきはら》で禊を行い、鼻からはスサノオ、右目からはツクヨミ、そして左目からはアマテラスが誕生。「最後に３神の貴子を得た」とイザナギが言うとおり、彼らはイザナギがうんだ最後の神となった。

三種の神器

八咫鏡《やたのかがみ》、八尺瓊勾玉《やさかにのまがたま》、草薙剣《くさなぎのつるぎ》のこと。天孫の証とされ、天皇が継承する。

父神の左目から誕生した太陽の女神

黄泉国から逃れたイザナギが禊を行った際、彼の左目から誕生したとされる女神アマテラス。イザナギは彼女に神の国でもある高天原の支配を任せた。

父の命令のとおり天上世界を支配するアマテラスだが、父神の命令に従わず追放されていた弟スサノオが高天原に現れたと聞いて、状況は一変する。弟が高天原を奪いに来たのではと疑ったアマテラスは、弓矢で武装し威嚇。スサノオは「母へ会いに根国に行く前に暇乞いに訪れただけだ」と、反乱の意思がないことを訴え、それを証明するためお互いに神をうんで「誓約《うけい》（占い）」を行った。結果、スサノオに異心がないことが証明されたものの、この結果を受けたスサノオは増長。高天原で暴れる、神を殺すなど、さまざまな狼藉を働く弟にアマテラスはすっかり怒り、天岩戸に閉じ籠ってしまった。

太陽神が隠れたことで世界は一面の闇に覆われた。困り果てたほかの神々は岩戸の前で祭を決行し、アメノウズメの裸踊りを見て笑い騒ぐ。その声を聞いたアマテラスがそっと外を覗いたところを、力自慢の神アメノタヂカラオが扉を引き開けて彼女を外に引きずり出し、世界に再び光が溢れたという。

そんな天岩戸伝説の跡地といわれる場所は各地にあり、宮崎県の高千穂地方には、神々が相談したという河原をはじめ、多くの伝説の痕跡が残っている。

葦原中津国の支配を天孫に命じる

再び高天原を治めるようになったアマテラスは、地上の国である葦原中津国を自分の子孫に治めさせようと考えた。そこで中津国の支配者オオクニヌシ［↓P26］のもとにさまざまな神を派遣して国譲りを約束させる。そしてスサノオとの「誓約」で誕生したアメノオシホミミの子ニニギ［↓P34］に神勅《しんちょく》と八咫鏡などを与えて中津国に「天孫降臨」させ、いよいよ中津国は神の支配する場所となった。ニニギが地上に降りたあとも、アマテラスは苦難に陥る神武天皇［↓P42］に神剣を与えるなど、子孫に手を貸し続けた。

皇室の祖先ともいわれるアマテラスは長く天皇の住む宮殿でまつられていたが、11代垂仁《すいにん》天皇の時代に皇女の手によって伊勢の「神宮」への鎮座が決まった。伊勢神宮には三種の神器のひとつである八咫鏡が納められている。

スサノオ

別名 **建速須佐之男命**（たけはやすさのおのみこと）、**素戔嗚命**（すさのおのみこと）**など**

時代 神代
神格 暴風雨神、海の神など
ゆかりの地 出雲国（島根県）など
登場作品 『古事記』『日本書紀』『出雲国風土記』

追放から英雄へ波乱万丈な物語

アマテラス［→P18］、ツクヨミとともにうまれた神。しかし彼だけ父の言いつけを守らず追放されてしまう。暇乞いのため、姉に会いに高天原へ向かうも傍若無人な振る舞いからアマテラスを怒らせ、葦原中津国（地上）へと追放される。しかし中津国で人々を困らせていた八岐大蛇を退治したスサノオは、救出したクシナダヒメと結ばれ英雄となった。

八岐大蛇

『古事記』によると、ひとつの胴体に8つの頭と尾をもち、目は鬼灯のように赤く、腹はただれて血が垂れ、体には檜や杉が生え、谷を8つ、峰を9つわたるほどに長いという大蛇。その正体は古くから氾濫を繰り返していた斐《ひ》伊《い》川《かわ》ではないかと考えられている。スサノオが大蛇の尾から取り出してアマテラスに献上した剣は、「天叢雲剣」としてヤマトタケル[→P44]にわたり、「草薙剣」と名を変え、今も熱田神宮に納められている。

高天原で大暴れして神々の怒りを買う

黄泉比良坂でイザナミ［→P16］と決別したイザナギが、体を清めた際に誕生した三貴子、その末子がスサノオだ。スサノオは父から海の国を治めるように命令されるも、父の言うことを聞かず「黄泉国にいる母に会いたい」と言って泣きわめく。そのせいで海がすっかり干上がってしまった。このことでイザナギは激怒、父の怒りに触れたスサノオは神の国から追放されてしまう。

暇乞いのため、高天原を統治する姉のもとへ向かうスサノオだが、アマテラスは弟が高天原を奪いに来たのではないかと勘ぐった。誓約によって邪心のないことが証明されると、身の潔白が証明された喜びからスサノオは高天原で大暴れ。アマテラスも最初こそ弟を庇っていたものの、彼が機織女《はたおりめ》を殺したことで激怒。アマテラスは天岩戸に閉じこもり、世界から光が消えてしまった。ほかの神々の機転でこの危機は脱したものの、事件のきっかけとなったスサノオは神々の怒りを買い、葦原中津国（地上）に落とされてしまった。

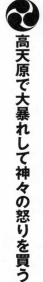

暴れ神は地上で武を振るい英雄になった

スサノオがたどり着いたのは出雲。そこで彼は、8頭の大蛇「八岐大蛇」の噂を聞く。8つの峰にわたるほどの巨大な体をもつ大蛇であり、毎年現れては人間の娘を食べるという。スサノオは生贄救出のため、8つの酒器に酒を注ぎこれを大蛇に飲ませて酔わせ、その隙に頭を切り落とす作戦で見事に退治する。八岐大蛇の死体からは、のちに三種の神器のひとつとなった「草薙剣」が出現し、彼はこれをアマテラスに献上した。

こうして英雄となったスサノオは、救い出したクシナダヒメと結婚。出雲の須賀に宮を建て中津国の祖神となったのである。和歌の起源ともいわれている「八雲立つ 出雲八重垣 妻ごみに 八重垣つくる その八重垣を」という歌を詠むなど、地上に降り立ってからのスサノオは、高天原で暴れていた頃とは打って変わって英雄神としての色が強くなる。

こうして地上を整え、スサノオは根国へと消えた。のちには根国に逃げ込んだ子孫神のオオクニヌシ［→P26］に試練を与える役として再登場する。

オオクニヌシ

別名 大国主神（おおくにぬしのかみ）、大穴牟遅（おおあなむぢ）、八千矛神（やちほこのかみ）など

時代 神代
神格 中津国の神、医薬の神など
神社 出雲大社（島根県）など
登場作品 『古事記』『日本書紀』『出雲国風土記』

スサノオより地上の統治を任せられた

嫉妬から兄弟に殺されるも、最後には葦原中津国の統治者となるという波乱万丈な神。根国ではスサノオ［↓P22］の出す難題を乗り越え、スサノオの娘スセリビメと結ばれた。スサノオに認められ地上の主となったオオクニヌシだが、アマテラス［↓P18］の使者に敗れて国を譲り、彼は出雲につくられた社殿に自ら隠棲することとなる。

出雲大社《いづもたいしゃ》

オオクニヌシがアマテラスにつくらせた、天にも届くほどに巨大な社殿「天日《あめのひ》隅宮《すみのみや》」。オオクニヌシはここに自分をまつることを条件に国を譲ったと神話には記されている。この社殿とは、縁結びの神社として有名な出雲大社のことだといわれており、大社の起源として今でも語り継がれている。実際、2000年には境内から直径３mにもなる古代社殿の柱が発掘され、遥か古代には天日隅宮に類するほどの建物がここにあったことがわかっている。

心優しい神は兄弟神によって2度殺される

スサノオの子孫（6世）という由緒正しい神であるオオクニヌシ。のちに地上の国の主ともなる神だが、最初から大神だったわけではない。彼は最初、オオナムチという名の神で、大勢の兄神にこき使われる存在だった。

ある日、兄たちが因幡のヤカミヒメのもとへ求婚の旅に出た際、オオクニヌシは荷物持ちとして同行。旅路の途中、兄たちは怪我をしたウサギに嘘をついていじめ、対するオオクニヌシはウサギを救う。結果、ヤカミヒメは兄たちの求婚を断り、心優しいオオクニヌシを夫として選んだ。しかしそのことで兄たちは激怒。オオクニヌシを追い詰め、殺してしまうのである。

オオクニヌシは母の手助けで生き返るも、再び兄たちに付け狙われて殺された。オオクニヌシは兄の追求から逃れるため根国に逃げ込み、スセリビメという女神と出会って恋をする。彼女の父は根国の主スサノオだった。

スサノオによって名前と地上の国を与えられた

スサノオは虫や毒蛇をオオクニヌシにけしかけるなど、さまざまな難題を与える。しかしオオクニヌシはスセリビメの手を借りて難問をクリア。さらに彼はスサノオの隙を突いて宝具を盗み出し、スセリビメを連れて根国から脱出した。これを見たスサノオはとうとう彼を受け入れ、スセリビメとの結婚を承諾。さらに「オオクニヌシ」の名を与えて出雲で国づくりをするように命じた。出雲に着いたオオクニヌシは、そこで出会ったスクナビコナ［↓P30］とともに国づくりを行い、見事に葦原中津国を豊かにさせたのである。

しかし突如、高天原を統治するアマテラスが「中津国は天孫が治める国だ」と宣言。アマテラスが送り込む天津神の要求を拒み続けたオオクニヌシだが、タケミカヅチ［↓P32］が自分の息子たちを破ったのを見て、とうとう国譲りを受け入れた。その条件として彼が出したのが、皇孫の宮殿と同じくらい立派な社殿を自分に用意すること。社殿が完成すると彼はその宮に隠棲し、中津国は天孫の支配する地となるのである。

また、オオクニヌシはほかにもさまざまな神話をもち、ヌナカワヒメを求婚する際、恋の歌を読み合うなど優雅なエピソードも残っている。

スクナビコナ

別名 **少名毘古那神**（すくなびこなのかみ）、**少彦名命**（すくなひこなのみこと）**など**

時代 神代
神格 国づくりの神、穀物の神、酒造の神
神社 少彦名神社（大阪府）など
登場作品 『古事記』『日本書紀』『出雲国風土記』

オオクニヌシとともに国づくりに尽力した小さな神

オオクニヌシ［↓P26］が出雲で国づくりをはじめた際に現れたとされる神。このスクナビコナは、出雲の海岸に「天の羅摩船《かがみぶね》」というガガイモのサヤからつくられた船に乗って現れたという。「スクナ」という名前からわかるとおり、非常に体の小さな神だったといわれている。

当初は誰が聞いても名前を答えず、素性の知れない神だった。しかし、やがて天地開闢の際にうみ出された造化三神のひとりカミムスビの子であると判明。「私の指の間からこぼれ落ちた子だ」とカミムスビが語ることからも、彼の小ささがよくわかる。そんなカミムスビの命令によってスクナビコナはオオクニ

ヌシと兄弟となり、葦原中津国を整える事業をはじめた。彼らは協力し合って島や山をつくり、国づくりという大仕事を行うのである。そして国づくりが終わったあと、スクナビコナは粟茎によじ登り、弾かれて常世国へ消えていったといわれている。

スクナビコナの名は『古事記』や『日本書紀』だけでなく「風土記」などにも多く登場する。その言い伝えから、彼は国づくりの神だけでなく、山や丘の名前をつけた神、穀物をもたらす神、酒造の神、さらには温泉の神など、多くの役割を担っていった。また、古くから大阪の薬問屋街として知られる道修町にはスクナビコナを祭神としてまつる少彦名神社があり、秋の大祭では多くの製薬メーカーが祈願に訪れることでも有名だ。

この「小さな英雄」という存在は、その後も脈々と受け継がれていく。小さなお椀のような船に乗った英雄といえば「一寸法師」を思い出す人も多いだろう。さらに古代、アイヌに存在した「コロボックル」も小さな人間の姿をしていたといわれている。「コロボックル」が登場する児童書『だれも知らない小さな国』ではコロボックル＝スクナビコナという推測がされている。

タケミカヅチ

別名　建御雷神（たけみかづちのかみ）、豊布都神（とよふつのかみ）など

時代　神代
神格　剣の神、雷の神
神社　鹿島神宮（茨城県）など
登場作品　『古事記』『日本書紀』

オオクニヌシに国譲りを迫った武神

オオクニヌシ［↓P26］が葦原中津国の国づくりを終えた頃、高天原のアマテラス［↓P18］が突如「中津国は天津神が支配すべき」と宣言し、オオクニヌシに国譲りを迫る。しかし送り込まれた神はオオクニヌシに味方するなど国譲りは難航。そこで切り札として送り込まれたのがこのタケミカヅチだ。タケミカヅチはイザナミ［↓P16］の死の原因ともなった火の神カグツチを切り落とした剣についた血が、岩に飛び散り誕生したといわれる神である。この逸話からもわかるとおり、彼は剣や血などと関わりの深い戦いの神でもある。

アマテラスの命令を受けて、出雲に降り立った彼は、波の上にトツカノツル

ギを逆さにして突き刺し、切っ先側にあぐらをかいて座るという武勇を見せ付ける。これを見たオオクニヌシはふたりの息子たちにその決断を任せることに。一人目の息子コトシロヌシはあっさりと降伏するが、もうひとりのタケミナカタはタケミカヅチに力比べを挑む。しかし、タケミナカタはタケミカヅチの力に驚き、諏訪湖まで逃れてそこでようやく降伏したといわれている。ふたりの息子が降伏する姿を見たオオクニヌシは、とうとう諦めて国譲りを承諾した。タケミカヅチの武をもって天孫降臨までの道が開けたのである。

国譲り神話における彼の活躍はここまでだが、タケミカヅチの名はその後の神話にも登場する。それは神武天皇［→P42］による東征の時だ。熊野で行き詰まっていたイワレビコを助けよとアマテラスに命じられたタケミカヅチは、自身の愛剣でもある「フツノミタマ」を献上した。神武天皇はこの剣をもって東征を成功させたのである。このことに感謝した神武天皇は即位後、鹿島神宮にタケミカヅチをまつり、国の守護神として信奉するようになったと伝えられている。また武の神であることから、中世以降は源頼朝や徳川家康［→P210］といった時の権力者からも信仰を集めたという。

ニニギ

別名 瓊瓊杵尊（ににぎのみこと）、天津彦彦火瓊瓊杵尊（あまつひこひこほのににぎのみこと）など

時代 神代
神格 天降りの神、稲作の神など
ゆかりの地 高千穂（宮崎県・鹿児島県）など
登場作品 『古事記』『日本書紀』

天津神に命じられ地上に降り立った天孫

地上の神オオクニヌシ［→P26］が葦原中津国より身を引いたことで、天津神がこの地に降り立つこととなった。当初はアマテラス［→P18］の子であるアメノオシホミミがその任務に就くはずだったが、その直前、彼に子がうまれる。アマテラスから見れば「孫」にあたるこの神こそニニギだ。ニニギは急遽、父にかわって地上に降臨することとなった。これを「天孫降臨」という。

『古事記』によると、彼が地上に降り立とうとしたとき、高天原と中津国を照らす神サルタヒコ［→P38］と出会った。サルタヒコの道案内によりニニギは地上へと降臨する。この時、フトダマ、アメノウズメなど多くの神々を引き連れ、

三種の神器や稲穂を手に地上に降り立ったという。ニニギがたどり着いたのは高千穂。彼はこのあと笠沙《かささ》の御前で美しい女神コノハナサクヤビメ［↓P36］と出会い結婚した。やがてふたりの間にはホデリ［↓P40］、ホスセリ、ホオリ［↓P40］という子どもがうまれる。

ふたりの結婚に際し、コノハナサクヤビメの父オオヤマツミはコノハナサクヤビメだけでなく、姉のイワナガヒメもともにニニギのもとへ送り出した。しかし醜いイワナガヒメを嫌ったニニギは、彼女だけ父のもとに送り返してしまう。それを知ったオオヤマツミは「イワナガヒメと結ばれれば永遠の命を、コノハナサクヤビメと結ばれれば繁栄を手にすることができたというのに」と嘆く。ニニギがイワナガヒメを送り返したことで、このあとに続く彼の子孫、つまり天皇は、繁栄はしても寿命という制約に縛られ、天津神のような永遠の命ではなくなってしまったのである。

ほかの神々と同じく、ニニギもまたさまざまな名前をもつ。その中でも神の核としての名は「ホノニニギノミコト」であるといい、稲穂の「ホ」、賑やかな「ニニギ」と、稲穂が実る豊作を意味する縁起のいい名前である。

コノハナサクヤビメ

別名 **木花開耶姫**（このはなさくやひめ）、**神吾田津姫**（かみあたつひめ）**など**

時代 神代
神格 火の女神など
神社 富士山本宮浅間大社（静岡県）など
登場作品 『古事記』『日本書紀』

天孫ニニギと結ばれた美しい女神

地上に降り立ったニニギ［→P34］は笠沙で美しい乙女と出会う。彼女はオオヤマツミの娘コノハナサクヤビメ。ひと目で彼女を気に入ったニニギは彼女との結婚を決意。この時、オオヤマツミが姉のイワナガヒメも送り出すが、ニニギが父のもとに姉を送り返したのは前項のとおり。ニニギがイワナガヒメではなくコノハナサクヤビメを選んだことで、ニニギの子孫は彼女の名前の「花」に表されるように、儚くも寿命をもつことになってしまった。

ニニギと結ばれたコノハナサクヤビメだが、彼女はニニギと出会って一晩で子を孕んだ。それを見たニニギは「自分の子ではなく、どこぞの国津神（地上の神）の子ではないか」とコノハナサクヤビメを疑う。夫に不貞を疑われた彼女は激怒し、扉のない産屋に籠ると、そこに自ら火を放ち「自分の子が夫の言うとおり国津神の子であれば無事に出産はできないだろう。しかし天津神（＝ニニギ）の子であれば安産でうまれるだろう」と宣言し、そのとおり、彼女は炎が激しく燃え盛る産屋の中で無事に子どもをうみ落としたのである。

この時、燃え盛る火の中でホデリ（海幸彦）［↓P40］、ホスセリ、火が弱まった時にホオリ（山幸彦）［↓P40］、合計3神が誕生した（諸説あり）。この火中出産でうまれたホオリの子孫が、のちに初代天皇となるカムヤマトイワレビコ［↓P42］である。

美しい乙女であり、さらに名前に花の文字をもちながら、火中出産を行うほど激しい性格のコノハナサクヤビメは「火」に関わりが深い。このことから、彼女は火山でもある富士山の神社「富士山本宮浅間大社」をはじめ、全国1300ある浅間神社の祭神としてまつられている。また、火中出産の故事より、安産、子育て、そして家庭円満や火難消除などの守護があるとされ、古くから信仰を集めている女神でもある。

サルタヒコ

別名 **猿田毘古**（さるだひこ）、**猿田彦大神**（さるたひこのおおかみ）**など**

時代 神代
神格 道案内の神
神社 猿田彦神社（三重県）など
登場作品 『古事記』『日本書紀』

天孫一行を葦原中津国へ道案内した神

天孫降臨でニニギ［→P34］が葦原中津国に降ろうとしたとき、天の八衢《やちまた》と呼ばれる場所でニニギたちをある国津神（地上の神）が待ち受けていた。背は高く、長い鼻、そして赤い目を持つ異形の神である。彼は眩しい光で高天原から中津国までを照らしており、いぶかしがったニニギがアメノウズメを使いによこして何者かを問う。すると、彼はサルタヒコと名乗り「天孫を案内するために現れたのだ」と言った。

ニニギたちは彼の道案内によって、無事に中津国へ降臨し、国を治めたのは前述のとおり。ニニギを送り終えたサルタヒコはアメノウズメの案内で伊勢の狭長田《さながた》、五十鈴川《いすずがわ》の川上へと帰還。アメノウズメはその後サルタヒコと結婚し「猿女」と呼ばれるようになったという。また、アメノウズメとサルタヒコのふたりは兄妹神であるという説もある。

のちに10代崇神天皇の皇女ヤマトヒメが皇神アマテラス[↓P18]をまつる場所を伊勢に定めた。このとき、サルタヒコの末裔である大田命が五十鈴川の川上にある宇治の地をヤマトヒメに勧め、その地に皇大神宮（内宮）がつくられることになったという。それから数千年の時を経て、今でもサルタヒコの子孫は伊勢神宮の内宮近くにある「猿田彦神社」でサルタヒコをまつり、神宮で行われる式年遷宮などの神事をはじめ、多くの儀式で特別な役割を担っている。また、猿田彦神社はサルタヒコがニニギの道案内を担った故事から、道開きの神として多くの人が参拝に訪れる人気の神社でもある。

サルタヒコは長い鼻、大きな体という特徴からのちには天狗にも同一視される存在だが、実際の彼は伊勢地方の豪族勢力、もしくは伊勢の人々が信奉していた古い神だったといわれている。皇族への服従を誓った史実が、神と姿を変えて神話に取り込まれたのかもしれない。

海幸彦《うみさちひこ》／山幸彦《やまさちひこ》

別名　火照命（ほでりのみこと）／火遠理命（ほおりのみこと）など

時代　神代
神格　海の神／山の神
神社　鹿児島神宮（鹿児島県）など
登場作品　『古事記』『日本書紀』

浦島太郎伝説の原型となった神話

コノハナサクヤビメ［→P36］が燃える産屋の中でうんだ兄のホデリ、そして弟のホオリ。このふたりの別名を「海幸彦」と「山幸彦」という。

その名前のとおり海での釣りが得意な兄の海幸彦と、山での猟が得意な弟の山幸彦だったが、ある時、山幸彦がお互いの道具や狩りの場を交換しないか、と兄にもちかける。そして兄の釣り針を使って漁をしたところ、山幸彦はうっかり釣り針を魚にとられてしまった。

釣り針は海の底に沈んで見つからない。しかし兄からは「あれは特別な釣り針だ。同じものを探して持ってくるように」と、ひどく責められ、山幸彦は困り果てた。海辺で泣き続ける山幸彦だったが、そこで出会ったシオツチノオジにより、海底にあるという海神宮《わたつみのみや》の存在を聞く。そこで彼は釣り針を求めて海神宮を訪れ、海底の神であるオオワタツミと出会い、さらにその娘のトヨタマヒメと結ばれることとなった。

そのまま3年間海の中で暮らした山幸彦だが、ようやく事の次第をトヨタマヒメら父娘に打ち明け、兄の釣り針を探し出すことに成功。さらに水を操ることのできる玉を渡された山幸彦は、巨大な力を手に入れて地上に戻ることに。兄と再会した山幸彦は水を操り、兄を服従させた。この神話がのちに浦島太郎の物語の原型になったという。

不思議な兄弟神話だが、これは朝廷が九州を支配していた「隼人《はやと》」を降すまでの歴史が神話に取り入れられたものだといわれている。九州南部で最大の力を持つ隼人族は、早々に宮廷に帰順した一族でもある。弟への服従を誓った海幸彦は、この隼人族の祖だといわれている。

また、海底の宮で山幸彦が結ばれたトヨタマヒメは子どもをうむ。その子からうまれたのが初代天皇といわれている神武天皇［→P42］である。

神武天皇《じんむてんのう》

別名 **若御毛沼命**（わかみけぬのみこと）、**神倭伊波礼毘古命**（かむやまといわれびとのみこと）**など**

時代 神代
生没年 前660〜前585年
地位 初代天皇
神社 橿原神宮（奈良県）など
登場作品 『古事記』『日本書紀』

東征ののち奈良に都を定めた初代天皇

ニニギ［→P34］の子山幸彦［→P40］の孫である神武天皇。彼がまだ高千穂に暮らし「カムヤマトイワレビコ」と呼ばれていた若い頃、兄イツセと「安らかに天下を統治できる場所はないだろうか」と相談し、新天地を求めて高千穂を旅立つこととなった。そして苦難を乗り越えて東征し大和《やまと》の橿原に宮を築き、即位した初代天皇でもある。

兄たちと協力し合い、途中まで東征は順調に進んでいたが、瀬戸内海を進み難波を超えたあたりから暗雲が立ち込めはじめる。先住民による攻撃に破れた東征軍は紀伊半島を越えての大和入りを目指すことに。しかし兄が命を落としてしまい、イワレビコが兄に代わって東征を続けることとなった。
やがて熊野に入ると、荒神の攻撃に遭い軍は混乱、壊滅状態となった。しかしその時、タケミカヅチ［→P32］がイワレビコのもとに神剣を送りこみ、辛くも危機を乗り超えたのである。さらに天津神より派遣された3本足の神の使い八咫烏《やたがらす》の案内もあり、彼らは吉野を経て大和へと快進撃を続けた。八咫烏はこのあと、熊野三山で「導きの神」として信仰を集めることとなり、熊野本宮神社では八咫烏の像や旗が掲げられている。

こうして天津神の助けを受けて東征を続けたイワレビコは、最後に宿敵ナガスネヒコと対峙した。この宿敵も金色のトビがイワレビコの弓に止まったのを見て撤退。こうしてイワレビコは橿原宮で「始馭天下之天皇《はつくにしらすすめらみこと》」を名乗って初代天皇に即位。その後、127歳まで生きたという。なお「神武天皇」の呼び名は8世紀後半につけられた漢風諡号である。

もともと、ニニギが天孫降臨で降り立った地は九州の高千穂だった。しかし朝廷は大和にあり、高千穂から大和にいたるための神話として、この物語が用意されたものと思われる。

ヤマトタケル

別名 倭健命（やまとたけるのみこと）、小碓尊（おうすのみこと）など

時代 神代
地位 景行天皇の皇子
神社 熱田神宮（愛知県）など
登場作品 『古事記』『日本書紀』

各地で討伐を成し遂げた武勇神

景行天皇の第三皇子であり武勇のほまれ高い人物。父帝に豪族の討伐を命じられて以降、さまざまな地方の討伐に駆り出された。「父は自分を殺そうとしているのではないか」と悲観しながらも、彼は伝説の天叢雲剣《あめのむらくものつるぎ》を手に討伐を続けた。しかしやがて戦いに疲れた彼は国を思う歌を詠み、伊勢の地で亡くなってしまう。生涯戦い続けた悲劇の人神だ。

天叢雲剣（草薙剣）
ヤマトタケルが旅の餞別にと叔母から授かった剣。ヤマトタケルが逆賊から火攻めにあった際、この剣で草を薙いで難を逃れたことから「草薙剣」とも。ヤマトタケルの死後に奉納されて以来熱田神宮でまつられているが、神職でさえ見ることができないという。もとはスサノオ[→P22]が八岐大蛇の尾から取り出して姉のアマテラス[→P18]に献上し、天孫降臨に際してニニギ[→P34]へ持たされたもの。なお、『古事記』には「天叢雲剣」の名は登場しない。

父の命令に従い各地の荒ぶる神を討伐

景行天皇第三皇子としてうまれたヤマトタケルははじめはオウスという名だった。『古事記』によると、彼はある時、父帝より「兄のオオウスを会食に出席させるように」と命令を受ける。しかし勘違いから、兄の手足をもぎ取り投げ捨てるという暴挙に出た。景行天皇は息子の武勇を恐れ、彼を都から遠ざけるため、西方（九州）の勢力者クマソタケルを討伐するよう命じる。

少ない手勢での討伐に不安を感じたオウスは、伊勢の叔母ヤマトヒメに相談。彼はヤマトヒメから賜った女物の着物を身につけクマソタケルの宴席に忍び込み、見事に敵を討ち取った。このとき倒されたクマソタケルの弟に「ヤマトタケル」の名を献上されたことで、これ以降彼はこの名を名乗ることとなる。九州からの帰り、出雲でも反勢力を討伐したヤマトタケルは意気揚々と都に凱旋するが、待ち受けていたのはさらなる討伐命令だった。

最後まで戦い抜き白鳥となって姿を消した

帰還したばかりのヤマトタケルに休む間も与えず、父帝が命じたのは東国の荒神や権力者の征伐だった。度重なる討伐に「父は自分に死ねと言っているのだろうか」と、ヤマトヒメの前で嘆くヤマトタケル。そんな彼に、ヤマトヒメは伝説の天叢雲剣を与えた。彼はその剣を手に、討伐へと繰り出していく。何度か命の危機もあったが、ヤマトヒメから与えられたアイテムや仲間によって救われ、彼は見事に東方征伐を成功させた。

戦いの最中に結婚した彼は、妻のもとに剣を置いて伊吹山の神に戦いを挑む。しかし山神は予想よりも強く、素手ではその攻撃を防ぎきれず、伊勢のあたりで動けなくなってしまった。とうとう歩けなくなった彼は杖をつきながら大和の方角を眺め「倭は 国のまほろば たたなづく 青垣 山隠れる 倭しうるはし」と、国を思う歌を詠んだ。そのあと容体は悪化。全国各地で戦い続けてきた武神は、命を落としたのである。残された剣は熱田神宮へと奉納された。

しかし彼は死後、大きな白鳥に姿を変える。妻や子が彼を偲んで白鳥を追いかけるも、鳥は河内まで飛び、その場所には白鳥陵がつくられた。そしてその白鳥は、やがてどこかへ飛んでいってしまったという。

神功皇后《じんぐうこうごう》

別名 気長足姫尊（おきながたらしひめのみこと）、息長帯比売命など

時代 神代
地位 仲哀天皇の皇后
神社 住吉大社（大阪府）など
登場作品 『古事記』『日本書紀』

海を超えて戦った皇后

神の怒りに触れて急死した夫、14代仲哀天皇の代わりに海をわたって三韓征伐を行った勇ましい皇后である。征伐の際、妊娠していた神功皇后は、祖国で出産するために石を腹に巻く呪いで産気を抑えたという。この時にうまれたのが15代天皇となる応神天皇。神功皇后は皇子を連れて大和に凱旋し、息子の異兄弟を滅ぼして応神天皇を即位させた。

八幡宮《はちまんぐう》

宇佐神宮を総本社とする、全国数十万もあるという神社。源氏の氏神。そのほとんんどが応神天皇とともに、神功皇后を祭神としており、この親子に応神天皇の后（宗像《むなかた》三神とする場合も）である比売大神を加え、「八幡三神」としてまつることも多い。

住吉三神

黄泉国から戻ったイザナギ[→P16]が禊を行った際、三貴子の前にうまれた3神。神功皇后によって摂津の住吉大社にまつられた。

2019

夫に代わって戦いに出た豪傑の皇后

14代仲哀天皇の皇后、神功皇后。諱《いみな》を「オキナガタラシヒメ」といい、神功皇后とは死後におくられた名である。

仲哀天皇がクマソと呼ばれる反抗勢力を討つため筑紫に出兵した際、皇后も同行していた。戦いについて神託を行った時、神功皇后は住吉三神から「海の彼方にある宝の眠る国を授けよう」というお告げを受ける。この神託を夫に告げるも、仲哀天皇は妻の言葉を信じない。このことで仲哀天皇は神の怒りを受けて急死してしまった。

この時、神功皇后は妊娠していた。すると神のお告げが再び彼女に下り、仲哀天皇の代わりにお腹の子にその国を授けるという。海の彼方の国とは、朝鮮半島の諸国のこと。これを聞いた神功皇后は身重の体に鎧をまとい、お腹の子の代わりに筑紫の反抗勢力を打ち倒す。さらに神託に従い、海をわたって朝鮮半島を攻め降伏させたのである。これを「三韓征伐」という。

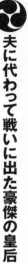

凱旋後にうんだ子を次代の天皇へ

戦闘が祟ったのか神功皇后は帰国の最中に産気づく。しかし彼女は腹に石を巻いて産気を鎮め、筑紫に帰還してから子をうんだ。この時、すでに歩くこともできず、槐《えんじゅ》の木にすがりついて応神天皇をうんだといわれている。

このように各地で戦い続けた神功皇后だが、戦いはこれだけでは終わらなかった。出産を終え大和へと帰還する前に、神功皇后は息子の即位に反対する人間をあぶり出すため「御子は死んでしまった」という噂を流す。これを聞いた息子の異母兄弟にあたる香坂王《かごさかのおう》、忍熊王《おしくまのおう》が神功皇后の乗る船を急襲。しかし、待ち受けていた皇后軍により彼らは滅ぼされた。敵をすべて倒した神功皇后は成人した息子を15代応神天皇として即位させた。これにより、長く続いた彼女の戦いはようやく幕を閉じることとなる。

なお、仲哀天皇の崩御から応神天皇が即位するまでの天皇の空白期間の間、彼女が軍を指揮したことから、書物によっては神功皇后を15代天皇とみなし、史上初の女帝であるとする説もある。

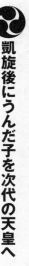

月岡芳年『大日本名将鑑』より東征中の神武天皇
（都立中央図書館特別文庫室）

2章 妖怪退治の伝説

現代に伝わる妖怪退治の物語

人々に悪さをする「鬼」の正体とは?

「金太郎」や「桃太郎」といった鬼退治の物語は、誰もが一度は聞いたことがあるだろう。そもそも「鬼」とはどのような存在なのだろうか。

妖怪の一種族である鬼は、一般的には人に悪さをする邪悪な存在として知られる。金太郎こと坂田金時〔↓P62〕が倒した鬼、酒呑童子〔↓P66〕は、京に来ては強盗を行い貴族の娘を拉致したという。また、鬼の派生系として著名なのが「鬼女」。鬼女は嫉妬に狂った女の怨霊とされ、「鬼女退治」の伝説も数多い。なかでも渡辺綱〔↓P60〕が出会った鬼女「橋姫」は、殺人を繰り返す、とりわけ危険な存在だ。ちなみに鬼にも鬼女にも共通する身体的特徴が頭上に生えた角だ。角は鬼の獣性・攻撃性の象徴とされ、角をもつ鬼は平安時代中期頃から造形化されるようになる。それ以降、能面や絵巻物、浮世絵など、鬼のアイコンとして角が描かれるのが一般的になった。

鬼以外にも、源頼光［↓P56］と対峙した土蜘蛛《つちぐも》や、源頼政［↓P86］が射抜いた鵺《ぬえ》、鳥羽上皇を誘惑した美女玉藻前［↓P94］など、日本には膨大な数の妖怪退治伝説が残っている。また妖怪の中には、鞍馬天狗［↓P90］のような、人を助けてくれる優しい妖怪もいる。

これらの妖怪たちはどのようにうみ出されたか、さまざまな説が考えられている。そのひとつが実在の人物をモデルにした説。乱暴狼藉を繰り返す強盗・海賊などの犯罪者や、朝廷に楯突く反逆者、非業の死を遂げた人物などが鬼に見立てられているというのだ。またほかにも、不安や恐怖心などの概念が擬人化された姿だという説もある。

一方で、鬼退治を行ったヒーローの立場もさまざまだ。最もオーソドックスといえるのが武士。源頼光など、武芸達者の武士には、その武勇伝をもとにつくった妖怪退治のエピソードがつけ加えられたという。ほかに僧侶や陰陽師、修験者など、宗教家による妖怪退治の物語も見受けられる。

源《みなもとの》頼《より》光《みつ》

別名 源頼光（みなもとのらいこう）、文殊丸（もんじゅまる）など

時代 平安中期
生没年 948?～1021年
地位 武将、貴族
ゆかりの地 大江山（京都府）など
登場作品 『今昔物語集』『平家物語』『御伽草子』など

妖怪退治のプロフェッショナル

清和天皇の子孫である源《みなもとの》満仲《みつなか》の子。幼名は文殊丸。天皇の後見人として権力を握っていた藤原氏に仕え、機嫌を取るなどして地位を固めた。政治の手腕のみならず武勇にも優れていたといわれており、土蜘蛛の討伐や、頼光四天王《らいこうしてんのう》らとともに戦った酒呑童子［→P66］退治といった、鬼や妖怪を相手に活躍した伝承が数多く語り継がれている。

頼光四天王

頼光に臣従していた武人たちで、渡辺綱［→P60］を筆頭に坂田金時［→P62］、碓井貞光［→P64］、卜部季武［→P65］の4人を指す。頼光とともに多くの戦いで活躍したとされる。四天王と頼光が力を合わせて戦った伝承としては、酒呑童子討伐が特に有名。

膝丸《ひざまる》と髭丸《ひげまる》

八幡大菩薩の加護を得て打たれた、2尺7寸（約103cm）の揃いの太刀と伝わる頼光の愛刀。

武士でありながら政治でも活躍した

頼光がうまれた平安時代後期、武士は貴族のボディーガードでしかなかった。しかし頼光は武士であるにも関わらず、立身出世を遂げた人物として、その政治的手腕が高く評価されている。

藤原兼家が二条京極殿を新造した際に馬30頭を贈ったり、藤原道長の土御門殿が新造される際に調度品をすべて負担したりと、摂関政治の中核であった藤原家に接近し、関係を良好に保つことに注力。藤原氏に取り入ることで着実に力をつけ、のちの清和源氏の勢力拡大に貢献したとされる。

数多ある伝承の中でも、その人柄が見られるものが『今昔物語集』にある。頼光は三条天皇から、御堂の横で寝ている狐を蟇目矢《ひきめや》（先端に穴があって射ると笛のように音の鳴る矢）で射るように命じられる。頼光が持ち歩いていた軽い弓では蟇目矢は重すぎるため、コントロールが難しかったが、見事命中させた。その腕前を賞賛する天皇に対し頼光は、射止められたのは源氏の守護神による加護の賜物であるとして、驕ることはなかったとされている。

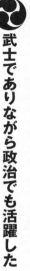

鬼や妖怪を退治する武の人

頼光といえば妖怪退治という人も多いだろう。しかしこれらは頼光没後に『御伽草子』や能によって広まった創作物であるとされる。

その代表とされる伝承のひとつが、能の演目にもなっている「土蜘蛛」だ。ある晩瘧《おこり》（マラリアの一種とされる病）で伏せっていた頼光のもとへ、ひとりの法師が訪れ、縄で頼光を縛りあげようとする。この法師の正体は、妖怪土蜘蛛であった。頼光はとっさに、枕元にあった名刀膝丸で土蜘蛛を切りつけた。膝丸の一閃で負傷した土蜘蛛は逃走。その後、頼光の家来が、土蜘蛛が点々と残した血の跡をたどり、巣穴を見つけて退治した。このできごとをきっかけに、頼光は膝丸の名を「蜘蛛切」と改めたとされる。

頼光の武勇に関する伝承はすべて創作ではなく、史実に残っているものもある。『古今著聞集』には、頼光の命を狙う盗賊鬼同丸《きどうまる》の気配を察知し、逆に射ち殺したという話があり、このような頼光の武勇を語った説話をもとにつくられたのが、数多の妖怪退治伝説であろう。

渡辺綱《わたなべのつな》

別名　源綱（みなもとのつな）、渡辺源次（わたなべげんじ）など

時代　平安中期
生没年　953～1025年
地位　武将
ゆかりの地　一条戻橋（京都府）など
登場作品　『平家物語』『古今著聞集』『御伽草子』など

単独で橋姫を倒した頼光四天王のひとり

系図は嵯峨源氏の流れをくむが、源満仲の娘婿　源敦《みなもとのあつし》の養子となり、養母が摂津国（大阪府）渡辺に居住したことにちなんで、渡辺姓を名乗るようになった。なお、現代もある渡辺姓は綱に由来するという。

源頼光［→P56］に仕える頼光四天王のひとりだが、綱の武勇伝は、四天王との共闘だけにとどまらない。『平家物語』に、綱が単独で活躍する話が見られる。ある晩、綱は頼光の使者として一条大宮に出向くことになった。夜道の用心のため、頼光は綱に名刀髭切を持たせた。用事を済ませた帰り道、一条戻橋にさしかかると美しい女がいた。女は綱を呼び止め「夜道が怖いので五条にあ

る自宅まで送ってほしい」と言った。綱は了承し、馬を降りて女を乗せた。しばらく一緒に夜道を進んだが、女は突然立ち止まると鬼の姿に変わった。そして、綱の髻《もとどり》（結った髪）をつかんで飛び去ろうとする。綱は慌てず、髭切で鬼の腕を切り落とす。腕を失った鬼は、愛宕山の方へ逃げ去った。以来、鬼の腕を切った髭切は、名を「鬼丸」と改められた。綱が鬼の腕を持ち帰ると頼光は驚き、陰陽師安倍晴明《あべのせいめい》［→P118］に相談。晴明は綱に、穢れを避けて7日間謹慎するよう指示した。6日目の晩、綱のもとに養母が訪れ、鬼の腕が見たいと懇願される。綱がしぶしぶ鬼の腕を見せると、養母は鬼の姿になり腕を奪って飛び去った。

この鬼の正体は、橋姫とされる。橋姫は「妬ましい女を殺したい」と貴船明神に願い鬼女となり、女はもちろん、道ゆく人を無差別に殺害。人々は橋姫を恐れて夜の外出を控えたという。

近年のゲームでは、アクションゲーム『討鬼伝』シリーズに、プレイヤーが身に宿す英雄の魂として登場。また、綱が鬼を切った名刀髭切は、頼光の膝丸とともに、アプリゲーム『刀剣乱舞』で人気の刀剣男士として活躍している。

坂田金時《さかたのきんとき》

別名 **坂田公時**（さかたのきんとき）、**怪童丸**（かいどうまる）、**金太郎**（きんたろう）

時代 平安中期
生没年 956～1012年
地位 武将
ゆかりの地 足柄山（神奈川県）など
登場作品 『今昔物語集』『古今著聞集』『御伽草子』など

まさかりかついだ金太郎の成長した姿

頼光四天王のひとり。酒呑童子［→P66］討伐の物語に欠かさず登場し、活躍したとされる豪傑である。金時の実在は疑わしいが、『今昔物語集』には音異字の「公時」がはじめて牛車に乗った際、ひどい車酔いになりつぶれてしまったという話があるなど、モデルとおぼしき人物の話が記載されている。

童謡でも有名な「金太郎」の昔話は、坂田金時の幼少期の話であるといわれている。体は赤く、熊の背に乗ってまさかりをかつぐ剛力の子どもであったとされる。出生エピソードの細部にはいくつかのパターンが見られ、古浄瑠璃（1685年よりも前の浄瑠璃）では足柄山に住む山姥または鬼女の子であるとされる。

現在よく知られる金太郎伝説の原型と考えられているのが、江戸時代の浄瑠璃・歌舞伎作家近松門左衛門《ちかまつもんざえもん》がつくった浄瑠璃『嫗山姥《こもちやまんば》』である。元遊女の八重桐には、坂田時行という夫がいた。しかし時行は、父親の敵討ちを妹に先を越されたふがいなさから切腹してしまう。無念の時行の魂は八重桐に宿り、人里離れた山の中で肌が赤い子怪童丸をうんだ。それから月日が経ったある日、旅をしていた源頼光［→P56］は、山の中で日が暮れたため山姥に一泊の宿を求めた。その山姥こそ、八重桐である。八重桐は怪童丸が熊や猪と相撲をとっているところを頼光に見せ、剛力をアピール。頼光は怪童丸を気に入り、坂田金時という名を与えて召し抱えたのである。この『嫗山姥』はヒットし、歌舞伎などにも派生して語り継がれるようになった。江戸時代中期になると、怪童丸の名前が金太郎と改められた絵本が発行され、以降それが主流となった。

特殊な出自や妖怪退治の伝承は、印象的なビジュアルとともに語り継がれ、多数のメディア作品に登場してきた。空知英秋による漫画『銀魂』の主人公坂田銀時の名前は、坂田金時に由来する。

碓井貞光《うすいさだみつ》

別名　荒童子（あらどうじ）、荒太郎（あらたろう）、碓井貞通（うすいさだみち）、碓井定光など

時代 平安中期
生没年 954?〜1021年
地位 武将
ゆかりの地 碓氷峠（長野・栃木県）など
登場作品 『今昔物語集』『御伽草子』『前太平記』など

観音の加護を受けた努力の戦士

源頼光［→P56］に仕えた四天王のひとり。信濃国（長野県）碓氷峠《うすいとうげ》の山中でうまれ育った貞通が、諏訪明神のお告げに従い旅をすると、たどり着いたのは頼光の屋敷であった。面会した頼光は貞通がただ者ではないと見抜き、召し抱えたのである。その際、貞通は頼光の「光」の字をもらい、名を貞光と改めた。

貞光が帰郷すると、人々は人間を喰らう毒蛇に悩まされていた。討伐に向かった貞光に毒蛇が襲いかかると、十一面観音が現れ貞光に宝鎌を授ける。貞光はその宝鎌で見事毒蛇を退治。貞光は毒蛇の骨を観音に納めるため、碓氷山に金剛寺を開いたという。

卜部季武《うらべすえたけ》

別名 平季武（たいらのすえたけ）、坂上季猛（さかのうえのすえたけ）

時代 平安中期
生没年 950?〜1022年
地位 武将
ゆかりの地 松尾神社（兵庫県）など
登場作品 『今昔物語集』『御伽草子』『前太平記』など

自ら姑獲鳥に会いに行った豪胆な男

源頼光［↓P56］に仕えた四天王のひとり。松尾神社の創建者浦辺太郎坂上季猛と季武は同一視され、坂上田村麻呂［↓P74］の子孫であるとしている。季武が偉大なる先祖の田村麻呂をまつり、天下太平を祈ったと伝わる。

季武には、妖怪姑獲鳥《うぶめ》（産女）と関わる伝承がある。ある晩、武士たちが姑獲鳥の怪談をしていた。姑獲鳥は赤子を抱いており、水辺に近づく者に赤子をわたしてくるという。これを聞いた季武が川に肝試しに行くと、姑獲鳥が現れて赤子を抱くよう迫った。季武は赤子を抱くと、今度は赤子を返せと言う姑獲鳥を振り切り帰った。館に着いて赤子を見ると、木の葉になっていたという。

酒《しゅ》呑《てん》童《どう》子《じ》

別名 酒顚童子、酒天童子、酒伝童子など

時代 平安中期
種族 鬼
ゆかりの地 大江山（京都府）など
登場作品 『大江山絵詞』『御伽草子』など

都で悪さをはたらく鬼軍団の頭領大江山《おおえやま》（または伊吹山《いぶきやま》）に住んでいたとされる鬼の頭領。『大江山絵詞《えことば》』では、人間よりも数倍大きな赤い体で、頭に角をもった姿で描かれている。山から都にやって来ては美しい女をさらい、その血をすすって肉を喰らうとされている。最期は神の加護を得た源頼光［→P56］らに退治される。一説では八岐大蛇の子孫であったともされる。

神便鬼毒酒《じんべんきどくしゅ》

源頼光たちが酒呑童子を討伐する際に使った毒酒。酒呑童子討伐に向かう一行の前に、３人の老人が現れた。老人の正体は住吉・石清水・熊野の３つの社の神であった。老人たちは頼光らに助言を与えるとともに神便鬼毒酒と星兜を持たせた。

星兜《ほしかぶと》

平安時代の兜の形式のひとつ。頼光は酒呑童子に噛みつかれたが、神の加護を受けたこの兜により助かった。

頼光と四天王の大江山鬼退治

酒呑童子は大江山に住む鬼で、たびたび都へ行っては女をさらい喰らっていた。事態を重く見た朝廷は、頼光に討伐を依頼。頼光は四天王と藤原保昌《ふじわらのやすまさ》を引き連れて大江山に向かった。酒呑童子の住処に着いた一行は、山伏のふりをして潜入に成功。頼光を迎え入れた酒呑童子は、大人の人間の姿をしていたが、髪型や服装は童子形であった。酒呑童子は頼光らのために宴席を設けたので、頼光はここぞとばかりに「神便鬼毒酒」を酒呑童子に飲ませる。酔い潰れた酒呑童子は角の生えた鬼の姿に戻り眠ったので、一行はその四肢を鎖で結び、首を切り落とした。すると童子は首だけで動き回り、頼光の頭に噛みついた。しかし頼光は星兜をかぶっていたため難を逃れ、童子を討ち果たした。

酒呑童子の父はあの八岐大蛇？

酒呑童子の物語は、地域ごとにさまざまな形で語り継がれており、中には酒呑童子の出生にまつわる話もある。大野木殿《おおのぎどの》は、娘のもとに夜な夜な通い詰め懐妊させた男の正体を知るため、糸をつけた針を男の着物に仕込ませた。翌朝、糸をたどると伊吹弥三郎の家にたどり着いた。この弥三郎、獣や家畜を喰らう、大酒飲みの恐ろしい男である。大野木殿は策を講じ、弥三郎を呼んで酒でもてなした。すすめられるがままに酒を飲み続けた弥三郎は、過度な飲酒でついに死んでしまった。

その後、大野木殿の娘の妊娠期間は33ヶ月におよび、うまれた子ははじめから言葉を話し、大酒飲みであったことから「酒呑童子」と呼ばれるようになった。大野木殿は童子を伊吹山に捨てるが、童子は獣に守られてすくすくと育ち、さらに、伊吹のさしも草の露を飲んだことで神通力を得て、悪さを働くように。やがて童子は伊吹大明神に山を追い出され、比叡山に住むがそこも追われ、大江山に住むようになったという。なお、酒呑童子の父である伊吹弥三郎は、大酒飲みの八岐大蛇の化身、またはその末裔という説がある。

大酒飲みの乱暴者とされてきた酒呑童子だが、現代では活躍の場を得ている。アクションゲーム『無双OROCHI2』では、好青年として登場。また、RPG『妖怪ウォッチ』では、断酒してスポーツドリンクを愛飲している。

茨木童子《いばらきどうじ》

別名 茨城童子

時代 平安中期
種族 鬼
ゆかりの地 大江山（京都府）など
登場作品 『前太平記』など

女の怨念で鬼と化した美少年とも

茨木童子は平安中期の鬼で、酒呑童子［↓P66］の仲間とされている。酒呑童子の命令を受けて都を荒らしに行った際、羅生門で渡辺綱［↓P60］に腕を切り落とされ、のちに綱の伯母に化けてその腕を取り返したという。このエピソードは『平家物語』にある一条戻橋の鬼女伝説をモチーフにつくられたと考えられている。茨木童子は源頼光［↓P56］らが酒呑童子退治のために屋敷にやってきた際、渡辺綱と対峙するが退治されてしまった。

茨木童子の出生伝承は、越後国（新潟県）説や摂津国（大阪府）説など各地に伝わる。

越後国説では、童子は母親の腹に14ヶ月とどまったのちに出生。うまれた時から大人よりも強かったという。やがて美青年に成長すると、多数の女から恋文を寄せられるようになったが、息子の将来を案じた母により弥彦神社に預けられ、学問に励んだ。ある日、実家に帰省した童子は不在の間も届き続けた恋文の山を発見。目を通していると、中に血文字で書かれた（童子を思い続けた女の怨念で、文字が血文字に変わってしまった）ものがあった。童子はふと、その血を指にとって舐めてみた。すると、童子は突如、抗えぬ衝動に突き動かされ、美しかった容姿は恐ろしい鬼に変化。家を蹴破って飛び出し、同じく比叡山を追われた酒呑童子と合流し、一緒に暮らすようになったという。

摂津国説でも、うまれた時から人並み外れていたという部分は共通で、それを恐れた両親は童子を床屋の前に捨てた。床屋の主人は赤子を拾い育て、童子は床屋を手伝うようになった。ある日、誤って客を傷つけてしまった童子は、その血を舐めたところやみつきに。以降血を欲してわざと客を傷つけるようになった。自分が常人でないことに気づきはじめた童子は、川の水に映る自分が鬼の顔をしていることに驚き、そのまま山の奥へと入っていったという。

吉備津彦命《きびつひこのみこと》

別名 彦五十狭芹彦命（ひこいさせりひこのみこと）、比古伊佐勢理毘古命など

時代 神代
地位 皇族
神社 吉備津神社（岡山県）など
登場作品 『古事記』『日本書紀』など

桃太郎のモチーフとなった鬼退治のヒーロー

吉備津彦命は、第7代孝霊天皇の皇子。一説によると吉備津彦命は、温羅《うら》という鬼を退治したとされている。

温羅はもともと百済《くだら》の王子で、さまざまな国をめぐって悪さを働いたあとに吉備国（岡山県）にやって来て支配するようになったという。身長は2丈（およそ4m）もあり、赤くちぢれた髪と、角のようなこぶをもつ。耳まで裂けた口からは炎を吐き、獣や魚に変化する能力ももっていたとされている。温羅を討伐するため、朝廷は四道将軍（各地の平定のためヤマト政権が派遣した役人）のひとり吉備津彦命を吉備国に派遣した。

温羅が強固な鬼ノ城に立て籠ったため、吉備津彦命は吉備中山に陣取って戦った。吉備津彦命は多くの矢を放ったが、すべて温羅の投げる石に落とされてしまう。しかも温羅の軍勢は、傷ついてもすぐに浮田温泉で回復してしまった。追い詰められた吉備津彦命のもとに、住吉大社の神が子どもの姿をとって現れた。そして吉備津彦命に「矢を2本同時に放てば、1本は温羅に必ず命中する」という助言を授ける。吉備津彦命が、その助言のとおりに2本の矢をつがえて放つと、1本は打ち落とされてしまったが、もう1本は温羅に命中した。すると、温羅は鯉に変身して川を下って逃げようとしたので、吉備津彦命も鵜に化けて追跡、見事食いあげ、討ち取った。現在も岡山県には吉備津彦命が戦の際に矢を置いていた矢置石（吉備津神社の門前）や、2本放ったうち1本が落ちた矢喰宮、鯉に化けた温羅を討ち取った場所の鯉喰神社など、ゆかりの地が多く残る。

一連の温羅退治は、昔話「桃太郎」の原型ともいわれている。その説を採用していると思われるのがソーシャルゲーム『モンスターストライク』に登場する桃太郎。進化させると「吉備津彦命 桃太郎」という名前になる。

坂上田村麻呂《さかのうえのたむらまろ》

別名 坂上田村麿、田村丸（たむらまる）など

時代 平安初期
生没年 758～811年
地位 征夷大将軍
ゆかりの地 清水寺（京都府）など
登場作品 『続日本紀』『御伽草子』など

英雄から守護神になった大将軍

平安初期に、朝廷に仕えていた武将。征夷大将軍に任じられ武人として活躍する一方、信心深い性格で、清水寺などの寺社建立でも多大な功績を残す。大獄丸《おおたけまる》や悪路王《あくろおう》といった鬼や賊を討伐したとする説話が東北各地に伝わっており、北方の守護神である毘沙門天《びしゃもんてん》の化身であったとする説もうまれた。没後は国家の守護者として将軍塚にまつられる。

征夷大将軍
奈良～平安時代にかけての朝廷における官職のひとつ。当時、朝廷に反抗していた民族蝦“夷”《えみし》（現在の関東や東北など日本の東方に住む人々）を“征”討するという意味をもつ。鎌倉時代以降は、事実上、武士の最高位となった。

ソハヤノツルギ
蝦夷討伐に際し、田村麻呂が清水寺（兵庫県）に奉納したと伝わる大刀。騒速、田村丸剣太刀とも。

清水寺を建立した信心深い人物像

坂上田村麻呂は、桓武天皇の信頼を得て征夷大将軍まで出世した希代の武人。姉や娘が天皇の後宮に入るなど状況的な後押しがあったが、やはり田村麻呂自身の才能による出世であったと考えられている。田村麻呂は東北地方の雄アテルイを服属させ、陸奥国（東北地方の太平洋側）を平定した。これらの東北での活躍から田村麻呂は北方の守護神毘沙門天の化身という説が生じ、死後も国家守護の象徴として将軍塚にまつられるようになった。この将軍塚は国家に異変がある時には鳴動するという伝説がある。

田村麻呂の大きな功績のひとつが、現在も観光地として有名な清水寺の建立である。ある日、鹿を狩るため音羽山《おとわさん》に入った田村麻呂は、この地を守っていた僧侶賢心《けんしん》（のちの延鎮《えんちん》）と出会った。賢心に殺生を戒める教えを受け、それに心を打たれた田村麻呂は、賢心とともに寺を建立。賢心が見つけた音羽の滝の水が清らかであったことから、清水寺と名づけたという。

清水寺のほかにも、田村麻呂が建立したとされる寺院は東北地方に数多く存在する。これらは、東北各地で多くの鬼や賊を退治した田村麻呂が、神仏の加護に感謝して建てたものであると伝わっている。

田村麻呂というヒーローは国家守護の象徴に

田村麻呂は、時代が下るにつれヒーローとして描かれるようになり、田村丸という伝説上の人物として多くの活躍を見せた。人々を襲って財産を奪う大嶽丸という鬼の討伐を命じられた田村丸は、鈴鹿山《すずかやま》に入った。その際、大嶽丸討伐を手伝うために現れた鈴鹿山の天女鈴鹿御前［→P78］と結ばれ、協力して大嶽丸を討ち取る。しばし夫婦で平和に暮らしていた田村丸だが、今度は蝦夷の首長悪路王（一説にはアテルイのことども）の討伐を命じられ、再び夫婦の連携で討ち取った。

田村麻呂について語られる説話では、彼の愛刀としてソハヤノツルギの名がよく見られる。大嶽丸との戦いや蝦夷討伐の際に使っていたとされる。アプリゲーム『刀剣乱舞』に登場する刀剣男士ソハヤノツルキは、田村麻呂の刀「ソハヤの剣」の写しという設定である。

鈴鹿御前《すずかごぜん》

別名 **鈴鹿姫**（すずかひめ）、**鈴鹿権現**（すずかのごんげん）、**立烏帽子**（たてえぼし）**など**

時代 神代
生没年 不明
神格 神仙
ゆかりの地 あああ
登場作品 『西遊記』

天女と鬼女という真逆の顔

鈴鹿山に住む天女。『御伽草子』などでは坂上田村麻呂［→P74］をモデルにした坂上田村丸の妻とされている。朝廷から鈴鹿山の鬼神大嶽丸の討伐を命じられた田村丸は山中で鈴鹿御前と出会い、協力して鬼退治をし、その後も夫婦として行動をともにするというストーリーだ。

ただし、文献によって異なる描かれ方をしており、鈴鹿山に住んで人々を襲っていた女盗賊、または鬼女立烏帽子と鈴鹿御前を同一とする説も見られる。立烏帽子は第六天魔王、または第四天魔王の娘とする説もある。現代でも鈴鹿御前が登場する作品ごとに引用する設定が異なっており、一例としてゲーム

『Fate』シリーズの鈴鹿御前は、第四天魔王の娘という設定である。

　田村丸と立烏帽子をめぐる話は、田村丸が鈴鹿山の女盗賊を討伐するように命じられることからはじまる。田村丸はまず、蟇目矢で立烏帽子に手紙を送る。すると、立烏帽子は「夫である悪路王を倒すことができればあなたに嫁ぐ」と返事を送る。さらに立烏帽子は田村丸に、「明朝悪路王が水辺に来るので射殺すように」と伝えた。田村丸はその言葉のとおり、翌朝水辺に出てきた悪路王を矢で射殺し、立烏帽子と結ばれたとされる。

　さらに別の伝承では、立烏帽子が田村丸に討伐されてしまうものもある。鈴鹿山の鬼女立烏帽子の討伐を命じられた田村丸が鈴鹿山に入ると、開けた場所に庵があり、天女かと思うほどに美しい女がいた。女は田村丸に、自分の夫は悪路王という鬼だが、これを退治してくれないかと申し出た。そして、敵のあらゆる秘密を知ることができるという「対玉」を田村丸にもたらした。対玉の力を借りて悪路王を倒した田村丸は、戻って立烏帽子も倒したという。

　また、鈴鹿御前は旅人を守る神としても信仰されてきた。京都の祇園祭では、道行く人々を困らせる鬼を退治した鈴鹿権現をまつる山鉾《やまほこ》が引かれる。

藤原秀郷《ふじわらのひでさと》

別名　俵藤太（たらわのとうだ）など

時代　平安中期
生没年　不明
地位　武将
ゆかりの地　唐澤山（栃木県）など
登場作品　『吾妻鏡』『太平記』『俵藤太物語』など

名門武将の先祖は平将門を討った英雄

10世紀半ば、突如朝廷に危機が訪れた。関東方面で平将門［→P188］が、瀬戸内海で藤原純友《すみとも》が同時期に反乱を起こしたのだ（承平・天慶の乱）。このうち、将門の乱を制圧したのが下野国（栃木県）の領主藤原秀郷だ。

秀郷の武勇伝は将門の乱からさかのぼって少年時代、妖怪百足《むかで》退治の伝説がある。琵琶湖の瀬田の唐橋の上に大蛇が横たわり、人々が恐れをなしたが、秀郷は動じもせず大蛇をまたいで橋を渡った。大蛇は実は竜神の変じたもので、秀郷の勇ましさを見込んで「三上山に巨大な百足が住みついて困っているので退治してほしい」と依頼してきた。そして見事に大百足を退治した秀郷は、米が無限に出てくる米俵や食べ物が尽きない鍋など、さまざまな褒美を授かる。さらに竜神のすむ竜宮城へ行き、黄金の鎧と太刀を与えられ、「これによって朝敵を破れば将軍になる」と告げられる。

また、秀郷は弓の名手だったという。秀郷の領地宇都宮の民話『百目鬼《どうめき》物語』では、100個の目をもつ妖怪が現れた際、秀郷は特に光り輝く目を狙って矢を放ち的中、見事退治したと語られている。

やがて平将門の乱が起こると、朝廷は秀郷の武勇を頼みに朝廷軍を率いさせることにした。しかし、将門は鋼鉄の体をもっているため弓矢が通用せず、さらに6人の影武者を従えていて、見分けがつかなかった。そこで秀郷は将門の愛妾桔梗の前と結び、将門の唯一の弱点がこめかみであることを聞きつける。こうして将門のこめかみを射抜き征伐した秀郷は、かつて竜神が言った通り、従四位に昇進。これは地方武将として異例の大出世だった。

秀郷の子孫は主に関東以北に広く散らばった。代表的な氏族として、拠点下野国を室町時代まで治めた佐野氏や、東北の覇者奥州藤原氏などを輩出。名門武将の祖先として伝説の武将と呼ばれることになった。

鬼女紅葉《きじょもみじ》

別名 **呉羽**（くれは）**など**

時代 平安中期
種族 鬼
ゆかりの地 戸隠山（長野県）など
登場作品 『紅葉狩』など

都落ちの美女が鬼に変貌？　戸隠に伝わる鬼女伝説

名物のそば、戸隠《とがくし》流忍者の里などで知られる信州戸隠山。この戸隠山周辺に鬼が潜むという伝説は古くから伝えられてきた。この伝説をもとにしたと考えられる能『紅葉狩』は次のようなストーリーだ。

鷹狩をしていた平維茂《たいらのこれもち》の一行は、戸隠山で紅葉狩りをする高貴な女性たちに遭遇する。どこか妖しい雰囲気を感じた維茂は女性たちに名を聞くが、女性たちはなぜか答えない。不思議に思いながら維茂は、誘われるまま酒宴の席に参加する。紅葉を見ながら酒を飲み、舞を舞う女たちを見ていると、維茂はうとうと寝入ってしまった。すると、夢の中に男山八幡の神が現われ、神剣を授ける。維茂が目を覚ますと、雷鳴が轟き、強風が吹き荒み、今まで美しい女性に見えていた者どもは、おどろおどろしい鬼になっていた。維茂は落ち着いて神剣を抜き、鬼を斬り倒す。『紅葉狩』は歌舞伎への発展や近松門左衛門の義太夫節『栬狩剣本地《もみじがりつるぎのほんじ》』などでストーリーが膨らんでいき、人気演目となっていった。

また、戸隠の里では異説も伝わっている。その民話によれば、会津うまれの美女呉羽は紅葉と名を変え、琴の名手として都で源経基の寵愛を受ける。だが、経基の正妻を呪い殺そうとしていたことがバレて戸隠に流された。当初は村人と仲良く暮らしていた紅葉だが、やがて夜な夜な村を荒らすように。ついには鬼女と呼ばれ疎まれるようになった。それを知った朝廷は平維茂に命じて鬼女紅葉を征伐させた。

紅葉と関係の深い平維茂は藤原秀郷［→P80］の孫と戦った伝説をもつ武芸者であったという。別所温泉には維茂が紅葉討伐を祈願したと伝わる北向観音常楽寺がある。荒倉山の奥には、紅葉が住んでいたと言い伝えられる「紅葉の岩屋」もあり、鬼女伝説のうまれた山の風景を今に残している。

清姫《きよひめ》

別名 花子（はなこ）など

時代 平安中期
種族 怨霊
ゆかりの地 道成寺（和歌山県）など
登場作品 『今昔物語集』『大日本法華経験記』など

少女を失望させると恐ろしい罰が待っている!?

道成寺《どうじょうじ》を舞台とした「道成寺説話」は歌舞伎など古典芸能の人気演目として知られている。その物語のヒロインが清姫だ。

『道成寺縁起』によると、裕福な寡婦が美形の僧侶に懸想《けそう》、僧侶は邪淫戒《じゃいんかい》を破るわけにはいかないと「熊野詣の帰りに戻ってくる」と嘘をつき、寡婦から逃げる。怒った寡婦は大蛇の怨霊と化し、恐れをなした僧侶は道成寺の鐘の中に隠れた。大蛇は猛毒と炎を吐いて鐘に巻きつき、中の僧侶ごと焼き殺してしまう。後日、鐘をあげてみると、僧侶の体は骨まで焼き尽くされて灰しか残っていなかった。そこで、法華経の高僧が浄霊してやり、僧侶と寡婦を救った。

時代が下ると、法華経による救済要素は削ぎ落とされ、江戸時代には僧の安《あん》珍《ちん》と、寡婦ではなく純粋な少女清姫の名で「道成寺もの」として定着した。近代の歌舞伎では、人気女形《おやま》が必ず演じるというほどの名演目『娘道成寺』がうみ出された。こちらは、道成寺説話の後日譚からはじまる。大蛇の騒動以来、長らく鐘がなかった道成寺に新たに鐘が奉納される。そこへ美しい白拍子《しらびょうし》花子が現れ、舞を奉納したいと申し出る。花子は舞を披露しながら、「鐘への恨みは数々…」と語りだす。かつて、熊野の庄司の娘であった清姫は、父の「旅の山伏を将来の婿としよう」という戯言を真に受けて、熊野詣にやってきた僧侶安珍をその婿と思い込んでしまう。そのあとは、やはり安珍が嘘をついて清姫を置き去りにし、失望した清姫は大蛇になり、道成寺で安珍を焼き殺すという展開が語られる。さて、因縁を話し終えたこの花子こそ清姫の怨霊で、最後には大蛇の本性をあらわにする。

『娘道成寺』の見どころは恋する少女の喜怒哀楽だ。時に愛らしく、時に狂気をはらんで、ひとりの女形が踊り通す舞台は、少女時代特有の感受性の強さを表現できなければ務まらない。女形が憧れる演目とされるゆえんだ。

源頼政《みなもとのよりまさ》

別名　源三位（げんさんみ）、源三位入道（げんさんみにゅうどう）など

時代　平安末期
生没年　1104〜80年
地位　武将
ゆかりの地　平等院（京都府）など
登場作品　『平家物語』『源平盛衰記』など

鵺退治で活躍した悲劇の武将

妖怪鵺退治で名を馳せた弓矢の名手にして名刀獅子王の持ち主。平清盛が栄華を極めた平安時代末期に唯一の源氏の武士として生き残り、朝廷に仕えたが、最晩年の74歳でついに平家と対立。政争に破れ自害した。報われない悲運の生涯は能の演目となって語り継がれたほか、歌人としても名高く、出世に縁のないことを嘆いた歌などが残されている。

太刀獅子王《たちししおう》

鵺退治の褒美として頼政が帝から賜った名刀。詳しくは「太刀　無銘（号獅子王）黒漆太刀」と呼ばれる。頼政の子孫の竹田城主赤松広秀の手へとわたっていたが、広秀は関ヶ原の戦いの際に鳥取城の城下町を焼き払った罪で徳川家康［→P210］の命により切腹、獅子王も没収された。明治以降は皇室が所有、現在は重要文化財に指定され東京国立博物館に所蔵されている。平家に敗北し自害した頼政に、失策で切腹した広秀と、いずれの持ち主も悲しい末路となった。

頼光印の名弓で帝を脅かす妖怪を仕留める

近衛天皇の御代のこと、年若い帝は体が弱く、病に伏せりがちであった。ある時、丑の刻（＝午前2時頃）になると毎晩のように黒雲が御殿を覆い、帝はすっかり怯えてしまった。公家方は御所警備のため腕の立つ武士を求める。その命令を受けたのが源頼政であった。頼政は井早太《いのはやた》という家臣を連れて警備に当たった。頼政がもつ弓は名高い先祖源頼光［→P56］から受け継いだ「雷上動」という弓と、「水破」「兵破」という鏃《やじり》をもつ2本の矢だ。

丑の刻が近づくと、御殿の上に黒雲が現われた。その中に、何やら不気味な影がある。頼政は雷上動に矢をつがえると、標的を見定めて弓を引いた。矢は見事獲物に的中。得体のしれないものが落ちてきて、井早太が刀で9回も斬ってとどめを刺した。退治した妖怪は、頭はサルで身体はタヌキ、尾は蛇で手足は虎という奇妙な姿。鳴く声は当時気味悪がられていた鵺鳥（＝トラツグミ）に似ており、その名を取って鵺と呼ばれることになった。帝は鵺の退治を喜び、褒美として頼政に太刀獅子王を与えた。

武士らしく散ることを選んだ頼政の最期

頼政の側室菖蒲御前《しょうぶごぜん》は鳥羽帝の女官で絶世の美女だったという。頼政は3年もの間彼女に文を送り続け、ついには鳥羽帝を唸らせる歌を詠んで彼女との結婚を許された。菖蒲御前との間にうまれた嫡男仲綱には木下という愛馬がいたが、平清盛の子宗盛はこれを奪おうとする。当時は平氏全盛の時代、源氏の頼政に文句は言えなかった。しかし仲綱が宗盛に木下を献上すると、宗盛は木下に焼印を押すという屈辱的な仕打ちに出る。これが遠因となり、頼政は後白河法皇の第三皇子以仁王《もちひとおう》の宣旨に従い、打倒平氏の兵を挙げた。

だが、これは『平家物語』などで語られたところで、頼政挙兵の理由は諸説ある。そのひとつに、頼政が仕えていた八条院が以仁王の養母で、以仁王を心配した彼女の懇願により参戦を決意したというものがある。出世の目安であった従三位の位になるのを74歳まで待たせた平清盛よりも、女主人の頼みに殉じることを老兵頼政は良しとしたのかもしれない。しかし、挙兵は失敗し、頼政は平等院で自害、または敵の矢に討たれるという武士らしい最期を遂げた。

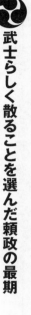

鞍馬天狗《くらまてんぐ》

別名　鞍馬山僧正坊（くらまやまそうじょうぼう）、護法魔王尊（ごほうまおうそん）など

時代　平安末期
種族　大天狗
ゆかりの地　鞍馬寺（京都府）など
登場作品　『鞍馬天狗』など

霊山鞍馬山を治める大天狗

京都にある修験道の霊山鞍馬山を棲家とする大天狗で、源義経［→P142］が少年期に鞍馬寺に預けられていた時に兵法を授けたという伝説がある。天狗はもともと神通力でつむじ風を起こすいたずら者で、仏教修行にとっては邪魔な存在。だが、鞍馬天狗だけは義経の境遇に同情し手をさしのべたエピソードから、正義の味方としての印象が強くなった。

大天狗

天狗とは山に住む異形の魔物。山伏に似た服装で高下駄を履き、羽団扇を手にしている。鼻が高く翼があり空を自在に飛ぶ。カラスのような嘴《くちばし》をもつ者は烏天狗で大天狗よりも小柄である。大天狗は特に力が強く、権現として信仰されることもある。八天狗という代表的な大天狗には愛宕山太郎坊、比良山次郎坊、そして鞍馬天狗こと鞍馬山僧正坊などがいる。「天狗になる」という表現は仏教では悟ってもいない僧が、天狗のようにうぬぼれるのを諭す言葉である。

不幸な境遇の少年に花見の名所を案内

鞍馬天狗の伝説は、源平合戦の源氏勝利の立役者源義経の幼少期を物語る。平治の乱で父義朝が失脚し、義経のふたりの兄は助命ののち出家。義経も同じように出家する予定で鞍馬寺に預けられた。僧たちが平氏の子どもたちを連れて花見に行った時のこと、突如突風が吹き、大柄な山伏が現れる。不遜な態度の山伏に気を悪くした僧たちは引き返してしまった。

ところが、ひとりだけ取り残された子どもがいた。「遮那王《しゃなおう》」と呼ばれていたその少年が義経であった。山伏は怖がりもしない遮那王と語らううちに、彼が平氏の子どもたちから疎んじられる不幸な境遇であることに同情の念を抱く。そこで、山伏は遮那王を花の名所を案内してやった。実はこの山伏こそ鞍馬山の大天狗の仮の姿。大天狗は自身の正体を明かし、いずれまた会おうと約束して飛び去った。その後、大天狗は遮那王の前に再び現れ、平家打倒の兵法を授け、鞍馬山の僧正ガ谷や木の根道で修行を行った。さらに、この先も守護を約束しようと言い山へ帰っていった。

義経の霊魂は今も鞍馬天狗のそばに

義経が兄の源頼朝の手によって悲劇的な最期を遂げるのはよく知られている通り。その義経の霊魂は鞍馬天狗によって、幼少期を過ごした鞍馬山に戻されたという。京都北部にある鞍馬山は、鴨川上流の貴船神社にもほど近く、一歩山に入れば冷涼な空気が非日常へ誘うかのようだ。山のさらに深くにある奥の院魔王殿は、数百万年前に金星から降ってきた護法魔王尊をまつったもので、義経は護法魔王尊の補佐をしているという。

孤独な少年に神仙が手を差し伸べる物語は英雄譚のひとつのパターンだ。映画『スター・ウォーズ』などの英雄ファンタジーには、主人公が世俗を離れた師匠から教えを授かる展開は、必ず用意されている。

鞍馬天狗が〝善き者の味方〟として庶民の間に浸透したのは、大佛次郎の大衆小説『鞍馬天狗』の功績だ。同書の主人公は天狗ではなく、鞍馬天狗の名を借りて幕末の京都で権力者に抵抗する剣士であるが、勧善懲悪のイメージは鞍馬天狗の方にもおよんでいる。

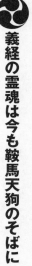

玉藻前《たまものまえ》

時代 平安末期
種族 九尾の狐
ゆかりの地 殺生石（栃木県）など
登場作品 『神明鏡』『玉藻の草子』など

死んでもなお殺生を続ける大妖怪

インド・中国・日本を股にかけて国を混乱させようとする妖怪九尾の狐の化身である絶世の美女。日本では平安末期に鳥羽帝の寵姫となったが、陰陽師に正体を見破られ、下野国（栃木県）へ飛び去り、その地でとどめを刺され、殺生石《せっしょうせき》となったといわれる。殺生石は近づくものを構わず殺すといい、鎌倉時代に玄翁和尚《げんのうおしょう》に叩き割られることとなった。

九尾の狐

中国古代に成立した地理書『山海経』に記載がある架空の獣で、9本の尾をもち人を食う、白面金毛九尾の狐。名君が君臨する時に現われる霊獣ともされていた。時代を経るにつれて悪の親玉のような扱いになっていき、現代の妖怪ものの漫画などでは強力な魔獣のポジションを与えられることが多い。

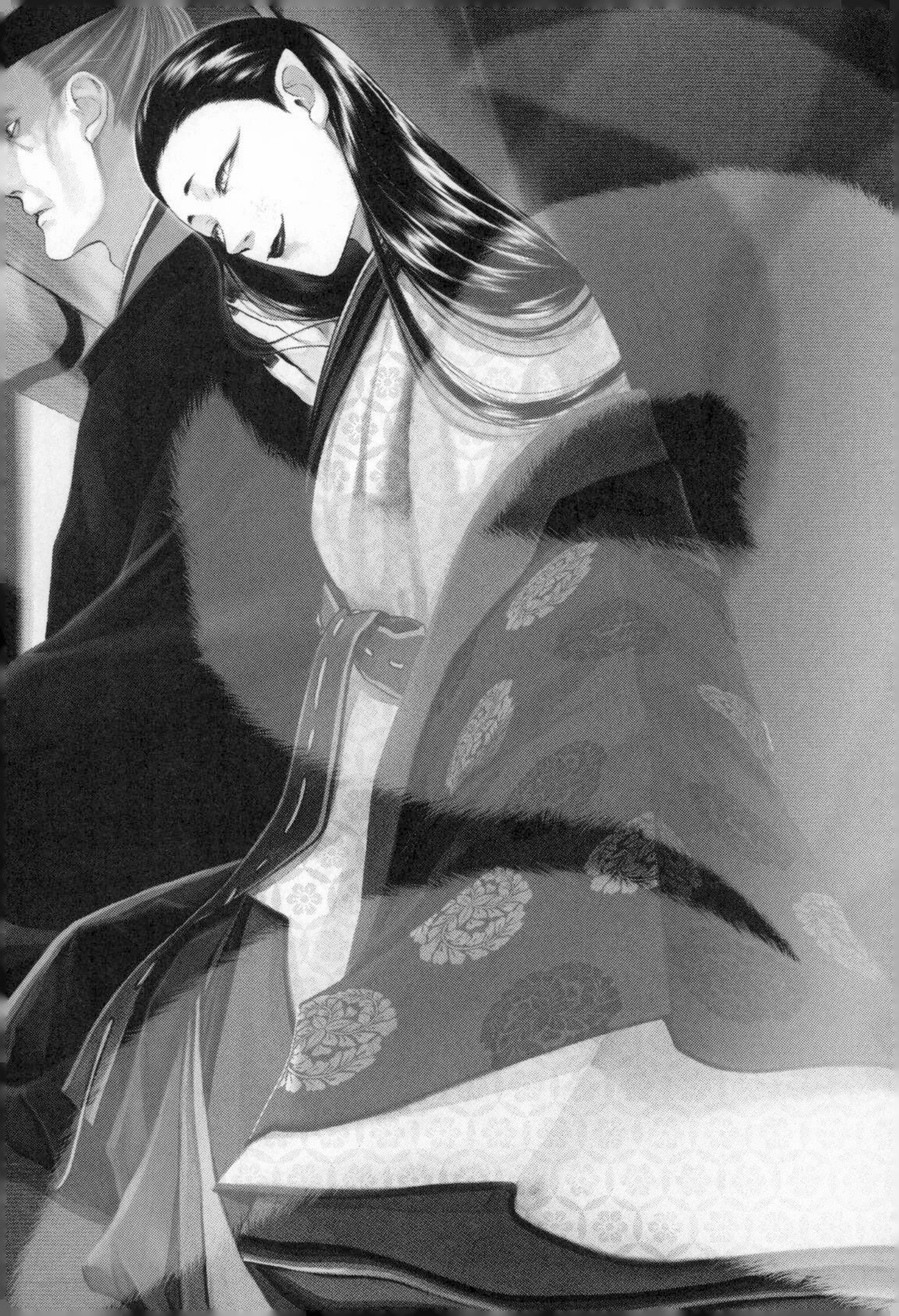

鳥羽帝に取り入る絶世の美女の正体

平氏が台頭しはじめていた平安末期の1154年の冬のこと、近衛天皇の父である鳥羽帝の前にどこからともなく絶世の美女が現われる。美女は自ら玉藻前と名乗った。貴族たちはあまりの美しさに魔物ではないかと疑った。試しにさまざまな話題の問いかけをしてみたが、玉藻前は歌や仏教などどんな問いも涼しい顔で回答。玉藻前が微笑むと、楊貴妃などの歴史的麗人がそこに蘇ったかのようだった。その才知と美貌を気に入った鳥羽帝は玉藻前をいつも近くに置き、女御のような特別待遇で扱うようになった。

その頃から鳥羽帝はみるみる病弱になり、床に伏せる日々が続きはじめた。これはおかしいと、陰陽師の安倍泰成（安倍晴明［→P118］から数えて5代目の子孫）が占ってみると、玉藻前は妖怪であると判明。泰成が祈祷すると、玉藻前の美しい顔は激変、魔獣の本性があらわに。それは、かつてインドや中国の王を籠絡した九尾の狐だったのだ。九尾の狐は京を逃げ出し、下野国へ落ち延びた。

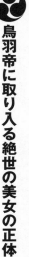

殺生石となった九尾の狐

九尾の狐退治の命令を受けたのが、北関東の武士たち。弓の名手であった上総介広常、三浦介義純らを呼び集めて討伐軍が組織された。討伐軍は九尾の狐を見事射殺すが、その屍は近寄るものに毒を吐き続ける「殺生石」と化した。殺生石は、14世紀後半、曹洞宗の禅僧玄翁和尚が石を3つに叩き割ると、それぞれにどこかへ散らばったという伝説がある。ある種の金槌を「玄能《げんのう》」と呼ぶが、これは玄翁和尚が石を割った故事に由来する。

九尾の狐の出現伝説はインドと中国が起源だ。インドでは、斑足王《はんそくおう》が千人の王の首を取って大王になろうとしたが、この首取りをそそのかした妃が九尾の狐であった。中国では、殷の紂王の寵姫妲己《だっき》。残虐な刑罰や「酒池肉林」の由来となった享楽的な宴を開き、悪逆の限りを尽くしたと伝わる。西周滅亡の原因をつくった幽王の后褒姒《ほうじ》も九尾の狐が化けた美女だという。褒姒は西周滅亡後に行方知れずとなっていたが、8世紀ごろの遣唐使吉備真備《きびのまきび》と若い娘の姿で出会い、遣唐使船に乗って日本にわたって来た。

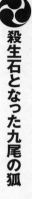

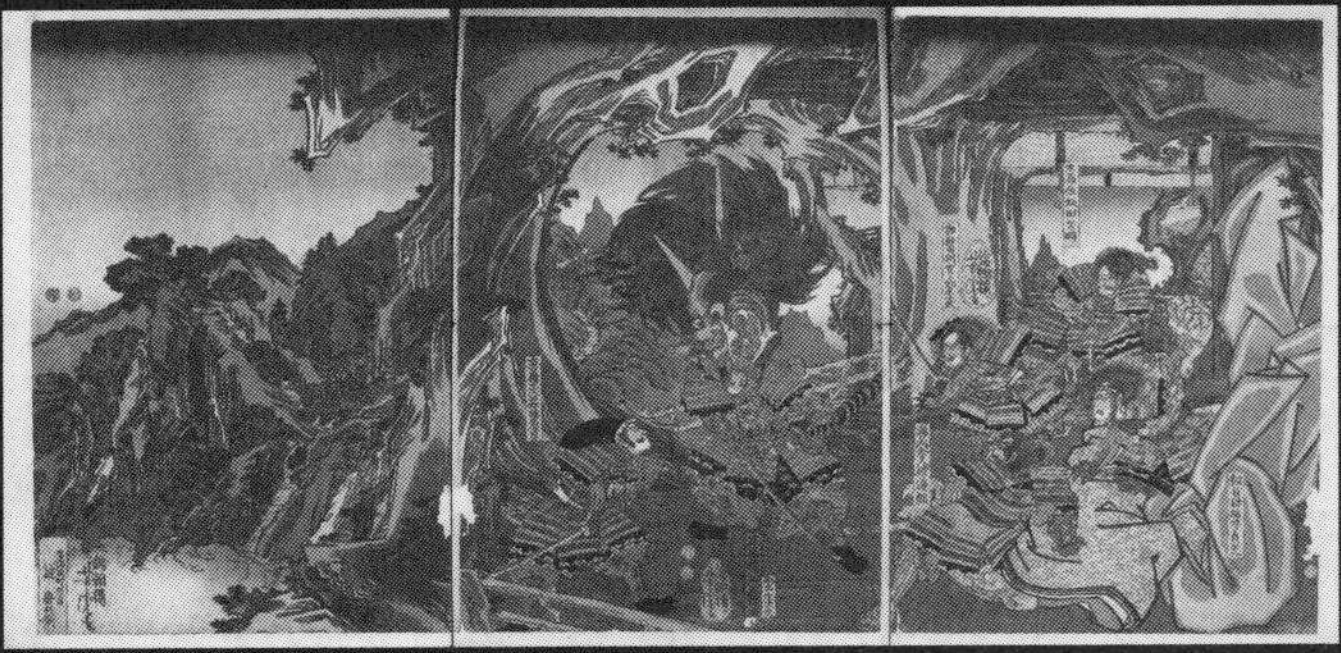

歌川国芳が描いた酒呑童子を退治する頼光と四天王
（国立国会図書館）

3章 異能者と謎多き人物

超人化した歴史上の人物

偉人の伝説にはたいてい尾ひれがつく？

日本史上には、時に驚異的な伝説をもつ人物が現れる。聖徳太子［↓P106］がその代表例だろう。うまれた時から二足歩行し言葉を話す、一度に10人の言葉を解する、挙げ句の果てには空飛ぶ馬で富士山を飛び越えるなど、そのエピソードはどれも人間離れしている。これらの超人伝説はもちろん、彼の死後に形づくられた創作だ。聖徳太子は日本初の憲法制定や大陸との対等外交、仏教の布教と、数々の偉業を達成した人物だとされる。太子の偉業をたたえているうちに、どんどん脚色が加えられ、〝超人〟聖徳太子がうみだされたのだと想像できる。このように超人伝説は、偉業を達成した人物を礼賛するうちに、その生涯が誇張され、うみ出されるのだ。

このような超人伝説には「定番」がある。まずは「人には見えないものを見ることができる」というもの。妖怪や鬼、霊を可視化できる能力をもった安倍晴明［↓P118］は、その才能を見込まれ陰陽師の修行を受けたという。しかし晴明の超能力エピソードも晴明の死後に語られたもの。陰陽師が自らの生業の権威づけのために、晴明の伝説を誇張したうえで拡散したというのだ。

「実は生きていた」という伝説もよく見受けられる。天海僧正になった明智光秀［↓P128］や、チンギス＝ハンになった源義経［↓P142］がその例だ。光秀も義経も非業の死を遂げた人物。だからこそ、「生きていてほしい」という願いからうまれた伝説なのかもしれない（今では裏切り者の代名詞として語られる光秀も、江戸時代の浄瑠璃「絵本太功記」では意地悪な織田信長を成敗するヒーローとして描かれている）。

ほかにも「海上を歩ける」「式神を自由自在に操る」「あの世とこの世を行き来する＝死人が生き返る」「手かざしで人を癒す」など、超人伝説の定番は枚挙にいとまがない。本章ではこのような超人伝説の一部を紹介する。

卑《ひ》弥《み》呼《こ》

別名 親魏倭王（しんぎわおう）など

時代 弥生
生没年 ？～242年？
地位 邪馬台国の女王
ゆかりの地 纒向遺跡（奈良県）など
登場作品 『魏志』三国志「倭人伝」など

神秘のベールに包まれた女王

呪術を用いて倭国を治めた女王。倭国の都があったとされる邪馬台国《やまたいこく》は所在がはっきりしておらず、卑弥呼の存在自体も謎に包まれている。卑弥呼のことを記した『魏志』「倭人伝」によれば、卑弥呼は宮室に籠り滅多に姿を見せなかった。女性の従者を千人従え、男性で彼女を見られるのは食事を供する者ただひとり。政治面は弟が補佐していたという。

邪馬台国

魏志倭人伝ほか中国の歴史書には、卑弥呼のいた国は邪馬台国と書かれているが、問題はその場所の記述だった。陸路や海路の方角・日数が、日本の遥か南、フィリピン沖あたりを指しているのだ。そこで研究者たちは遺跡調査から邪馬台国の場所を解き明かそうとしてきた。かつては九州の吉野ヶ里《よしのがり》遺跡が邪馬台国の有力候補だったが、2009年、奈良県纒向《まきむく》遺跡で大規模な建物跡が見つかり畿内説が一気に主勢となっている。

卑弥呼の呪術の奥の手は〝鏡のトリック〟か

2世紀頃の日本で、倭国大乱と呼ばれる激しい争いが起きたという。凄惨な殺し合いがあったことが、遺跡の人骨からもわかっている。そんな争いを終わらせるために、数十の国々が共立した女王が卑弥呼だ。

卑弥呼の存在は中国の『魏志』「倭人伝」に記された。同書によれば、卑弥呼は鬼道を使い人心を支配したという。鬼道は呪術ともいえるもの。古代日本では占いが重視されており、遺跡から占い用の獣骨なども見つかっている。

卑弥呼の名前は日の巫女、つまり太陽崇拝における巫女の意味ではないかとの説がある。卑弥呼の時代のものとされる銅鏡三角縁神獣鏡《さんかくぶちしんじゅうきょう》には、不思議なトリックが隠されていた。鏡に太陽光を反射させ、壁に反射光を写す。すると、鏡面の裏に彫られた装飾が模様として浮かびあがるのだ。これは魔鏡という現象で、近年、京都国立博物館が3Dプリンターで鏡を精巧に復元したことで明らかになった。卑弥呼もこの〝奇跡〟を側近たちに見せたのかもしれない。

美女か、悪女か？ 自然現象に翻弄された最期

神秘的な卑弥呼の姿は、後世の人々を引きつけてやまない。横光利一の小説『日輪』では、男性たちを虜にする美女として描かれた。一方、手塚治虫の漫画『火の鳥』では、恐ろしい老婆の役回り。一体、どんな女性だったのか。

一説には、『日本書紀』に登場する倭迹迹日百襲姫《やまとととひももそひめ》を卑弥呼とする説がある。百襲姫は神憑りして大物主《おおものぬし》の言葉を伝えた、卑弥呼と同じ巫女的存在だ。さらに百襲姫の墓所箸墓古墳の規模は『魏志』「倭人伝」に書かれた卑弥呼の墓の規模とも合致する。もしふたりが同一人物であれば、10代崇神天皇が百襲姫の甥にあたるため、天皇家の源流に卑弥呼がいたとも言える。

およそ60年間女王の座に君臨した卑弥呼。だが、治世の終盤は強国の狗奴国《くなこく》に脅かされるようになった。そんな西暦247年頃、日食が観測された。太陽の女神である卑弥呼の力が衰えはじめたのではないか。人々がそんな疑心に駆られてもおかしくはない。同時期、卑弥呼は死んだとされている。卑弥呼が霊力の喪失を理由に殺されたとする「卑弥呼暗殺説」は根強く唱えられている。

聖徳太子《しょうとくたいし》

別名 厩戸皇子（うまやとのおうじ）、厩戸王（うまやとおう）、豊聡耳皇子（とよさとみみのみこ）など

時代 飛鳥
生没年 574〜622年
地位 摂政
ゆかりの地 法隆寺（奈良県）など
登場作品 『日本書紀』『上宮聖徳法王帝説』など

日出ずる国の変革者

女帝推古天皇の摂政として手腕を発揮した政治家。大国隋に追いつくべく、遣隋使の派遣や、憲法十七条などの制度を整えた。当時まだ倭国と呼ばれた日本を「日出ずる処《ところ》」と宣言して文明化を推進。次期天皇の有力候補であったが、志半ばの49歳で逝去した。聖徳の名は諡号で、厩戸王と同定するのが一般的。しかし否定説も多く、真相は不明だ。

法隆寺　夢殿
日本最古の木造建築である法隆寺の一角にある夢殿は、太子が本拠地を構えた斑鳩宮《いかるがのみや》の跡とされる。太子の没後、宮跡の荒廃を目の当たりにした僧行信が建てた伽藍を発祥とし、太子信仰の聖地となった。夢殿の中には、太子の等身像といわれる秘仏救《く》世観音《せかんのん》像が鎮座している。

2019

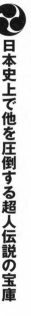

日本史上で他を圧倒する超人伝説の宝庫

聖徳太子の幼名「豊聡耳」は聡明さを意味する名前だ。その名の通り怒涛の神童伝説を持つ。2歳で合掌して「南無仏」と唱え、5歳で毎日数千字を習書し、6歳で経典を求め、10歳で蝦夷の乱の鎮撫に貢献。やがては一度に10人の言葉を聞き分けられるようになった。本名の厩戸の由来は、母が馬小屋の戸に当たって産気づいたからとの解釈があり、馬小屋うまれのキリストと奇妙な一致を見せる。実は外国人で多数の外国語を話せたのではとする異説が存在するほど、人間離れしたスペックをもつ人物なのだ。

太子は仏教研究に熱心で、後世の仏教者から崇敬の念を集めた。なかでも浄土真宗の開祖親鸞《しんらん》は、聖徳太子が創建したという六角堂に籠っていた時、太子から教えを告げられたとして、太子を「和国の教主」と特別視。太子信仰は浄土真宗の普及とともに日本全国に広がった。東北には馬に乗った「黒駒太子像」がいくつもあるが、これは太子が甲斐国（山梨県）から足の白い黒駒を贈られ、その馬に乗って空を飛び、富士山を越え信濃国（長野県）を周って3日のうちに飛鳥の都に戻ってきたという伝説に由来する。かつて聖徳太子は日本中、誰もが知る偉人の筆頭だった。初代一万円札の顔として使われたのも、その知名度が全国区であるが故なのだ。

一代限りで滅亡した幻の王家

聖徳太子の父用命天皇は時の有力豪族蘇我氏との関係が強く、反仏教派の物部守屋の討伐時には太子も蘇我側に参戦した。この時、太子は邪気を払うという白膠木《ぬるで》で四天王像をつくり、その加護を受けて物部氏に勝利したという。だが、飛鳥時代は血で血を洗う混迷期でもあった。太子の嫡男の山背大兄王は、太子の死後に蘇我氏から疎まれ一族もろとも蘇我入鹿に滅ぼされた。その入鹿も数十年後には中大兄皇子に討たれる。権勢を振るった太子の一族上宮王家《かみつみやおうけ》も蘇我氏もその名を次代に残すことはなかった。

『日本書紀』によれば太子は「兼知未然」、つまり未来を知ることができ、自らの一族の滅亡すら予言していたといわれている。また、太子が記したという予言書『未来記』には、蒙古襲来や本能寺の変と思われる記述があるという。

役小角《えんのおづぬ》

別名　役行者（えんのぎょうじゃ）、役優婆塞（えんのうばそく）など

時代　飛鳥
生没年　634〜701年
地位　修験道の開祖
ゆかりの地　金峯山寺（奈良県）など
登場作品　『続日本紀』『日本霊異記』など

鬼神を駆使して空も飛ぶ！　無敵の修験道の開祖

日本では古来より山には神が棲むと信じられ、信仰の対象になってきた。仏教の伝来後、山は修行の拠点として重要性を増した。修験道とは日本古来の山への崇拝と仏教が組み合わされたもの。山に籠って修行を重ねれば悟りを得られるとする信仰で、その先駆けとなったのが飛鳥時代の山の超人役小角だ。

小角は大和国（奈良県）葛城の出身。子どもの頃から博学で、40歳をすぎても岩窟に籠って暮らす。葛を着て松の葉を食し、清水の泉で浮き世の穢れを落とし続けること数年。孔雀王《くじゃくおう》の呪法をマスターし空を飛ぶのも自由自在になり、前鬼《ぜんき》・後鬼《ごき》という鬼神を従えるようになった。

『日本霊異記』には小角の無敵ぶりが記録されている。おもな根城としていた奈良県吉野の金峰山《きんぷせん》と葛城山の移動を便利にするため、小角は鬼神を使役して山をまたぐ橋をつくらせようとした。ところが、山の神一言主《ひとことぬし》はそれが気に食わなかった。一言主は人間に化けて、小角は朝敵であると根も葉もない嘘を天皇に密告し、小角は朝廷から追われるはめになった。だが、空を飛んで逃げる小角を捕らえることができない。そこで朝廷は小角の母を人質に取ったため、小角は母を助けるため仕方なく捕縛されることにした。そうして伊豆に流罪になった小角は、大人しく過ごすふりをして、夜になると監視の目を盗んで富士山まで飛び、修行を続行した。その甲斐あって、小角は天高く飛べるようになった。そのうちに罪を許された小角は自ら命を絶ち、富士山に昇っていった。

修験道では蔵王権現《ざおうごんげん》をまつる。これは小角の修行中に蔵王権現が姿を現したからで、金峰山には蔵王権現が本尊の金峯山寺がある。

後世、文学作品により小角の魅力は膨らんだ。滝沢馬琴の『南総里見八犬伝』では役行者の名で登場し、主人公に8つの珠を授ける。漫画『鬼神童子ZENKI』では小角が使役した前鬼が現代によみがえって悪と戦うこととなった。

空《くう》海《かい》

別名 佐伯真魚（さえきのまお）、弘法大師（こうぼうだいし）など

時代 平安初期
生没年 774～835年
地位 真言宗の開祖
ゆかりの地 高野山（和歌山県）など
登場作品 『続日本後紀』『空海僧都伝』『弘法大師伝』など

奇跡に彩られた天才僧侶

高野山を本拠地とする真言密教の開祖で、日本仏教の発展に貢献した偉大な僧侶。有名な書の達人でもあり、仏像彫刻などの美術、四国満濃池の修築事業、庶民のための学校設立などマルチな才能を発揮し活躍。才人ゆえに起こした奇跡は各地に残り、その伝説は数えきれないほどだ。空海にゆかりのある霊場八十八ヶ所は「四国お遍路」として知られる。

密教

仏の「秘密の教え」は人間の言葉では計り知れないもの。密教はその「秘密の教え」を教典研究だけでなく、日々の修行で体得するべしと説く。真言宗の特徴は、実践により仏の「真言（マントラ）」を直接聞き、即身成仏を目的とするところ。即身成仏とは、死んで成仏するのではなく現世のうちに仏となることである。唐にわたった空海は、この複雑怪奇な密教を、わずか３ヶ月でマスターしたという。

中国でも名を知られる国際派はひらがなの生みの親？

讃岐国（香川県）でうまれた空海は幼少時から抜きん出た子どもだった。７歳の時、仏に祈りながら捨身嶽の頂上より身を投げたところ天女が現われて彼を助けた。仏の加護を喜んだ空海はますます勉学に励み、18歳で当時の最難関の大学に入学。だが、官僚になるよりも仏道を極めたいと、四国をめぐる修行の旅に出た。そのため空海が悟りを開いたとされる室戸岬の秘境御厨人窟《みくろど》霊場や一夜建立の岩屋など四国各地に空海伝説が残っている。

空海は31歳で唐に留学すると、優秀さを認められて密教の大家恵果《けいか》から教えを授かった。空海が滞在した長安の都は現在の西安だが、その西安では空海は恵果の教えを日本で広めた偉人として敬われている。２０１７年には空海が主人公のひとりとなった日中合作映画がつくられヒットを飛ばした。

唐の皇帝の前でも披露した書の腕は名人級。空海は漢字の形を積極的に崩す〝書の実験〟もしており、これが空海の死後数十年後にひらがながうまれる下地になったと考える研究者もいるほど重要なものとされている。

空海最大の伝説は現在も生きていること⁉

修行場所をさがしていた43歳の時、高野山を歩いていた空海の前に犬2匹を連れた狩場明神が現われた。その案内について行くと、丹生明神が現われてこの山を献上すると言った。嵯峨天皇からも山の使用を許可され、ここを本拠地とすることにした、というのが高野山開山の伝説だ。

また、空海は水にまつわる伝説も多く、魚売りから買った鯖を水に放すと甦って泳ぎ出した、祈祷すると井戸が湧き出し貧しい老婆を救ったといった伝説もあまた存在する。空海が開いたとされる湧き水や温泉は、日本全国に数えきれないほどある。

そんな奇跡に彩られた空海の最大の奇跡が、現在も高野山奥の院で座禅を組んでいるという伝説だ。真言宗の教えに、現世の段階で仏になる即身成仏という考え方がある。即身成仏した聖者が死ぬことを入定といい、簡単に言えば死んでも体も魂も滅びない。そんなわけで今も空海は奥の院にいて、彼のために僧たちが実際に日に2回食事を運んでいる。

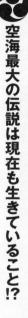

小野篁《おののたかむら》

別名 **野狂**（やきょう）、**野宰相**（のさいしょう）、**参議篁**（さんぎたかむら）**など**

時代 平安初期
生没年 802～52年
地位 貴族
ゆかりの地 六道珍皇寺（京都府）など
登場作品 『江談抄』『今昔物語集』など

現世と地獄を行き来した閻魔の側近

聖徳太子［→P106］の忠臣小野妹子を祖先にたどる名門小野氏出身の平安貴族。篁は〝直言を好み人におもねらず〟いわゆる空気を読まない人だった。現代ではあまりにも奇人すぎると電波だとか宇宙人だとか言われるものだが、平安時代には「地獄の役人」とするのがしっくりきたのかもしれない。

京都の六道珍皇寺《ろくどうちんのうじ》には、地獄に通ずると伝わる井戸がある。ここから篁は夜な夜な地獄へ行き、閻魔《えんま》大王の側近として働いていたという伝説がある。この伝説は『今昔物語集』ほかいくつかの当時の書物で共通して描かれた。昼は宮廷で天皇に仕え、夜は閻魔庁で閻魔大王に仕えるという副業生活を送った篁は、さまざまな人間を助けたのだそうだ。藤原良相という右大臣にまで上り詰めた篁の上司が瀕死の状態で地獄へ行った時、篁が擁護してくれたため無事現世に蘇生できたという。ほかに、紫式部も「みだらな物語を書いた罪」で地獄行きだったところを篁の弁護で免れたという伝説もある。

篁は遣唐使の副使に選ばれるほど優秀な人物だった。しかし、搭乗した遣唐使船は悪天候でたびたび引き返し、結局唐へ行くことはかなわなかった。すっかりへそを曲げた篁は、再度の出港の際に遣唐使である上司ともめて、乗船を拒否してしまう。それで済ませれば良かったものを、遣唐使の役割を風刺したため嵯峨上皇にこっぴどく叱られ、讃岐に流されてしまった。この時に詠んだ歌は百人一首にも収録された。のちに許された篁は都に戻り、その後は順調に出世した。

誰にも気を遣わず、奔放な篁のことを、変人だとは思っても心から嫌った仲間はいなかったのではないか。「野狂」などとあだ名しながらも、そんな篁に「地獄で救われた」者が多数いるのがその証拠だろう。漫画『鬼灯の冷徹』でも地獄で働く篁が登場。とらえどころのない天然キャラとして描かれている。

安倍晴明《あべのせいめい》

時代 平安中期
生没年 921～1005年
地位 陰陽師
ゆかりの地 晴明神社（京都府）など
登場作品 『今昔物語集』『宇治拾遺物語』『大鏡』など

京の災いを祓うカリスマ陰陽師

病気や災害が怨霊の仕業と考えられていた平安時代、呪術のスペシャリスト陰陽師《おんみようじ》が怨霊に対抗した。安倍晴明は藤原道長ら摂関家に重用されて名声を高め、明治時代に改暦されるまで陰陽道の統括者として君臨した土御門家の祖先になった。出生は謎で、母親が白狐だとする物語もある。木火土金水の天地五行を意味する五芒星がシンボルマーク。

陰陽道

中国の陰陽五行説に基づいて日本で発展した術で、平安時代から江戸時代にいたるまで天文の研究や暦の策定を行うのに活用されてきた。平安中期に体系が確立し、賀茂氏と安倍氏が行政府陰陽寮の主要な地位を世襲で務めた。陰陽師は宮中行事の日時を決める占いや、干ばつ・飢饉などの災難祓いの祭祀を担当。安倍晴明など高い呪力をもつ者は式神（術者の意のままに動く鬼神）を使いこなし、五芒星の呪符を魔除けとして考案するなどした。

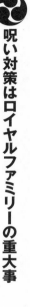

呪い対策はロイヤルファミリーの重大事

晴明の前半生は幼少期のことを記した記録がわずかにあるのみ。それによると、師の賀茂忠行《かものただゆき》と外出した時、籠の中で忠行が居眠りしている間に百鬼夜行に出くわした。晴明は速やかに忠行に知らせ、忠行が鬼から身を隠す術を使い、難を逃れた。この時忠行は晴明が陰陽師に必要な〝人には見えないものが見える才能〟をもっていることに気づき、晴明に術のすべてを教え込んだ。清明は、干ばつの時には雨乞いの祈祷で雨を降らせたり、若い公達《きんだち》に術を見せろと煽られた時には、草の葉を操って蛙を殺してみせたり、また門の開閉など雑用を式神を任せたりと、抜群の呪力を発揮したという。

晴明は賀茂氏からのれん分けのような形で天文博士の地位を譲り受け、天皇や、中宮藤原彰子とその父の藤原道長といったロイヤルファミリーの面々から絶大な信頼を集めた。藤原道長は摂政という立場上恨みを買いやすく、いつも呪いにおびえていた。ある日、道長に早瓜が献上された。晴明が占うと中に毒気があるという。そばに控えていた源頼光［→P56］が刀で瓜を割ると、中から蛇が出現。蛇は頭を真っぷたつに斬られて絶命していた。またある時は、道長が犬をつれて寺へ行こうとしたが、犬はなぜか寺に入ろうとしない。そこで晴明に確かめさせると、寺から呪いの土器が出現。それを仕掛けたのは、道長の政敵に依頼された陰陽師蘆屋道満［↓P122］であった。

和製ファンタジー「SEIMEI」は世界へ

80代で亡くなるまで第一線で活躍したと伝わる晴明は、京のヒーローとして後世にさまざまな物語へ展開された。そのひとつが、母親が狐というもの。和泉国（大阪府）の信太の森を舞台にした「信太妻」伝説では、白狐が化けた美女と安倍保名の間にうまれた童子が晴明。母狐が晴明に正体を見られて森へ帰ってしまう場面は、涙を誘う「子別れ」シーンとして人気を博した。

狂言師野村萬斎が晴明を演じた映画『陰陽師』などによって、日本では陰陽師ブームが起こり、以降陰陽師は数々のメディア作品に登場。さらに男子フィギュアスケートの羽生結弦選手が同映画の劇伴を使用した演技「ＳＥＩＭＥＩ」を披露したため、今や晴明は世界にも知られるようになった。

蘆屋道満《あしやどうまん》

別名　道摩法師《どうまほうし》など

時代　平安中期
生没年　不明
地位　陰陽師
ゆかりの地　蘆屋道満塚（兵庫県）など
登場作品　『古事談』『宇治拾遺物語』など

陰陽道の闇の側面を司るダークヒーロー

安倍晴明［↓P118］が呪いから人々を守る正義の陰陽師とするならば、呪いで人を陥れようとした悪の陰陽師も存在する。それが晴明のライバルとされる陰陽師蘆屋道満だ。晴明が公的機関に勤める国家公務員とすれば、道満は誰の依頼も引き受けるフリーランスのようなもの。『宇治拾遺物語』などによれば、藤原顕光の依頼で時の摂政藤原道長を権力の座から引きずり下ろすため呪いをかけたが、晴明にバレて播磨国（兵庫県）に追放された。

さらに後世になると、ふたりの因縁は『簠簋抄《ほきしょう》』などに詳しく描写された。道満は晴明に術比べを挑む。それは箱の中身を当てるゲームで、道満は中には

15個のミカンが入っていると回答した。実はそれは正解だったのだが、それでは面白くないと、晴明は箱の中身をネズミに変えてみせた。呪力の高さに恐れ入った道満は晴明の弟子となった。しかし、晴明が唐の伯道上人に会いに行っている間に道満と晴明の妻利花が不倫関係に。道満は利花を通して卜占の秘伝書『金烏玉兎集《きんうぎょくとしゅう》』を盗み見る。やがて帰国した晴明を殺すことに成功するが、伯道上人がそれを暴き、蘇生した晴明により道満も利花も亡き者とされた。

江戸時代成立の歌舞伎『芦屋道満大内鑑』では、大柄で雇い主に忠実な武士のような性格に変化。陰陽道の白狐の母からうまれた童子の呪力の高さに感心した道満が、童子を晴明と名づける役回りとなった。

実際に道満のような非公式の陰陽師は各地に存在したのではないかと考えられている。道満の出身地とされる播磨国には道満をまつった蘆屋道満塚が残っている。海女が身につける護符に、星印＝セーマンと縦4本横5本の格子状の呪印＝ドーマンと呼ばれるものがあるが、セーマンは晴明、ドーマンは道満が由来ではとの推測がある。ドーマンは「臨・兵・闘・者・皆・陣・烈・在・前」という修験道でも使われる九字を表しているともいわれる。

小野小町《おののこまち》

時代　平安前期
生没年　不明
地位　女流歌人
ゆかりの地　随心院（京都府）など
登場作品　『古今集』『後撰集』『小町集』など

美人は忘れられない？　輪廻する小町と深草少将

美人の誉れ高い平安時代の歌人小野小町。彼女の代表作は「花の色は　移りにけりな　いたづらに　わが身世にふる　ながめせし間に」という和歌だ。一般的には「花の色」を女性の容貌にたとえて衰えるのを嘆いた歌と解釈される。裏を返せば、若い頃は蝶よ花よとほめそやされた美人だったのだろうと想像させる。しかし、本当に美人だったのか、客観的な文献は何もないともいわれている。そもそも実在を示す資料に乏しく、架空の人物なのではという説もある。小野篁［→P116］の孫とする説もあるが、これも確定的ではない。

小町美人説は、衰えを嘆く歌のせいか老いて美貌も衰え、地方で寂しく亡くなる逸話とセットになってしまった。小町と歌のやり取りをした美男子在原《ありわらの》業平《なりひら》が東北へ赴いた時のこと。風に乗って小町の歌が聞こえるので探してみると、打ち捨てられた髑髏があった。地元の住民に聞けばそれはこの地で生涯を終えた小町のものだと言った。業平はあまりに寂しく涙を流した。

小町の美しさと恐ろしい最期の組み合わせに触発されたといえるのが、能の『通小町』や『卒塔婆《そとば》小町』である。『通小町』は、小町に恋をした深草少将が〝百夜通い〟をする。だが、99夜目に命を落としてしまう。成仏できない深草少将は、同じく現世をさまよう小町の霊が僧に出会って成仏しようとするのを妨害する。『卒塔婆小町』では老女となった小町に、成仏できない深草少将が取りつき、小町はその怨念により狂ってしまうのだった。これらの能を翻案したのが、三島由紀夫の小説『卒塔婆小町』。舞台は現代、うまれ変わった深草少将が再び小町と出会いその美しさの〝犠牲者〟となるストーリーだ。

小町の伝承は各地に存在する。米のブランド「あきたこまち」でおなじみ秋田県には、小町生誕の伝説がある。また、小町終焉の地とされる補陀洛寺《ふだらくじ》には、小町の死体が腐敗するまでを9段階で描く「九相図」という仏教画がある。

石川五右衛門《いしかわごえもん》

別名　石川文吾（いしかわぶんご）、真田八郎（さなだはちろう）など

時代　戦国
生没年　?～1594年
地位　盗賊
ゆかりの地　三条河原（京都府）など
登場作品　『言経卿記』『豊臣秀吉譜』『日本王国記』など

戦国武将のお宝を狙った大盗賊

五右衛門風呂といえば、ドラム缶を薪の火で温める昔ながらの風呂のこと。もとは釜ゆでの刑にされた盗賊石川五右衛門にちなんで名づけられたもの。底が鉄板になっているため木板を敷いて入るのだが、釜ゆでの刑になった五右衛門は我が子を敷いて熱さを逃れようとしたという。五右衛門の史実はほとんどわからず、うまれについても諸説ある。伊賀の石川村出身の五右衛門は、最初は文吾と名乗った。大柄で身長は2m以上とも伝わる。伊賀忍者百地三太夫《ももちさんだゆう》のもとで修行したが、三太夫の妻や愛人を巻き込んで金目のものを奪った挙げ句、三太夫を殺して逃走。やがて五右衛門と名を変え、石田三成の屋敷に盗みに入

るなどして盗賊として名を轟かせたという。以上の半生はあくまで一説で、出自や名前について定説があるわけではない。しかし五右衛門の処刑は記録があり、1594年8月23日に仲間ともども京都三条河原で処刑された。辞世の句は「石川や 浜の真砂は 尽くるとも 世に盗人の 種は尽きまじ」。

義賊として定着したのは江戸時代以降、浄瑠璃『石川五右衛門』など「五右衛門もの」の影響と考えられる。江戸時代には鼠小僧のように権力者や金満家を標的にする義賊が流行したせいか、五右衛門も豊臣秀吉［→P208］を狙う大盗賊へと変貌した。なかでも歌舞伎『金門五山桐』の五右衛門が南禅寺山門に座って「絶景かな、絶景かな」と言うシーンは印象的で、現代歌舞伎ではスーパー歌舞伎をつくりあげた3代目市川猿之助の十八番のひとつであった。

石川五右衛門の子孫がもし生きていたらとの設定で現代によみがえったのが、漫画『ルパン三世』の石川五エ門だ。五右衛門から13代目という設定で、やはり泥棒の道に進んでいる。歌舞伎のイメージが強いのがゲーム『がんばれゴエモン』や『モンスターストライク』のキャラクターとしての五右衛門。歌舞伎役者の隈取りのような顔に、派手ないでたちを特徴としている。

明智光秀《あけちみつひで》

別名　十兵衛（じゅうべえ）、惟任日向守（これとうひゅうがのかみ）、惟任光秀（これとうみつひで）など

時代　戦国
生没年　？～１５８２年
地位　武将
ゆかりの地　桔梗塚（岐阜県）など
登場作品　『信長公記』『明智軍記』など

歴史を変えた裏切り者の代名詞

織田信長の家臣として功をあげたが、本能寺の変を起こして信長の野望を断った張本人。謀反にいたった理由や光秀本人の実像は謎に包まれている。戦では鉄砲の扱いに長け、長篠の戦いで火縄銃の調達を任されたほか、領地経営に優れ、領民から慕われていた、文化人であったなど多彩な側面ももつ。本能寺後、天海和尚となり暗躍したとの伝説もある。

本能寺の変

1582年6月2日未明、明智光秀が起こした謀反。織田信長は同日、京都の本能寺に少数の部下とともに滞在していた。光秀は毛利氏攻めに向かった羽柴（豊臣）秀吉［→P208］に加勢する予定で軍勢を集めていたが、突如本能寺へ向かう。追い詰められた信長は、「是非もなし」と言って火を放ち自害した。事件を知った秀吉は200kmを7日間で引き返す「中国大返し」で戻り、天王山で光秀軍を討伐。光秀の天下の短かさから「三日天下」という言葉がうまれた。

裏切り者は光秀だけか？　本能寺の変の黒幕とは

一説には明智光秀は美濃国（岐阜県）明智荘の出身で、父は土岐四郎基頼、母は地元の豪族の娘だという。のちに明智城主明智光綱の養子となった。光秀の前半生は定かではないが織田信長に仕える直前には足利義昭が主君だった。1571年、比叡山焼き討ちの際に光秀は中心的な役割を務め、現在の滋賀県に5万石の領地を獲得する。続いて丹波国（京都府）の攻略も任され、信長の信任を得た。1578年には娘の玉（のちのガラシャ）を細川家に輿入れさせ、1580年には平定した丹波を拝領と、順調に出世しているかに見えた。

だが、信長は一筋縄ではいかぬ主人だったようだ。信長は武田氏と対立していた時、仏教を保護する武田に対し、自身を「第六天魔王（修行を妨げる天魔）」と称したと伝わる。時に激しい気性をあらわにすることがあった信長は、周囲からも天魔と呼ばれていた。光秀に対しても、突然の領地替えや、激しい折檻などをした記録が残っている。信長に不満をもっていたのは光秀だけではない。和解を反故にされた四国の長宗我部氏や、権力を奪われた京都の公家方、羽柴秀吉や徳川家康［→P210］も「信長さえいなければ…」と思わなかったはずがない。本能寺にいたるまでに〝誰か〟が光秀を突き動かし、謀反の罪を着せたのではないか。光秀はそんなミステリーの主人公なのだ。

光秀は生き延びて徳川家の中枢に上り詰めた!?

本能寺の変のあと、光秀は秀吉軍に敗れ、逃亡の途中で落ち武者狩りの農民に殺されたとされる。ところが、光秀の死後も各地に光秀生存説が残っている。光秀生存説で最も有名なのが、生き延びたあとに出家し、徳川家康の側近天海和尚になったという説だ。天海はあだ名を「黒衣の宰相」とも呼ばれる謎の人物。江戸の設計に陰陽五行説を取り入れ、鬼門の方角に日光東照宮をつくったともいう。天海＝光秀説の裏づけは、日光に天海が名付けた明智平という地名があることや、徳川家光の乳母春日局が明智光秀の重臣だった斎藤利三の娘であることなどだ。信憑性はともかく、フィクションでは天海＝光秀説は人気のある設定で、『戦国BASARA』シリーズや『Fate/GrandOrder』などのゲームで採用されている。

天草四郎《あまくさしろう》

別名　益田時貞（ますだときさだ）、江辺四郎（えべしろう）、天の四郎秀綱（あまのしろうひでつな）、ジェロニモなど

時代　江戸初期
生没年　1623?〜38年
地位　一揆の首領
ゆかりの地　原城跡（長崎県）など
登場作品　『大猷院殿御実紀』など

幕府への抵抗に身をささげた美少年

残虐なキリシタン弾圧に苦しむ信徒や農民を率い、徳川幕府に対し島原の乱を起こした主導者。年齢はわずか16歳だった。四郎は歯にお歯黒を施し、前髪を横に垂らしポニーテールのような髪型で優れた容姿だったという。南蛮風の服装で、籠城中もミサを行い一揆軍の精神的支柱となった。悲劇の美少年として後世の創作物での人気も高い。

島原の乱

1637年11月にキリスト教信者が起こした一揆。長崎の領主松倉勝家は厳しいキリシタン弾圧だけでなく、農民に過酷な年貢を課し、不作時には女性であっても裸にして柱に縛り火炙りにするなど、苛烈な支配を強行。領民の我慢は限界に達し、農民を引き入れたキリシタンの一揆へと発展した。約3万7千人の一揆軍は原城に4カ月にわたり籠城したが、松平信綱率いる約12万人の幕府軍に敗れ、翌年2月末、ほぼ皆殺しにされた。

農民の不満を一身に背負った少年指導者

長崎県南島原市の原城跡は、2018年に世界遺産登録された隠れキリシタン関連遺跡のひとつだ。ここは天草四郎が首領とされる島原の乱の舞台。今も無念を訴える戦死者の霊がさまよう心霊スポットだとか。

そんな凄惨な戦いの中心にいた天草四郎だが、残された記録は多くない。父は関ヶ原の戦いに敗れた小西行長の家臣益田甚平衛で、帰農後、四郎は長崎で学業に励んだという。伝承では、長崎でキリスト教にも入信し、洗礼名はジェロニモと名付けられた。その伝説は、手で触れただけで盲目の少女を癒やす、手の中で鳩に卵をうませ、その卵を割ると中からキリシタンの経文が出てくる、海の上を歩くなど、キリスト教の聖者と共通した奇跡に彩られている。

かつてこの地を訪れた宣教師が「25年後に神の国から天使が遣わされ神の国は再興する」と予言していた。折しも領主の非情な圧政下、不満高まる農民とキリシタンが集い、大規模な一揆が巻き起こった。そんな時に現れた美貌の少年四郎は、予言の子としてわずか16歳で反乱の象徴に祭りあげられた。

偉人たちの深い怨念が世界に牙を剥く!?

当時、江戸幕府は反乱が日本各地に飛び火するのを恐れ、幕府軍を大動員した。大将は「知恵伊豆」と呼ばれた知将松平信綱。一揆軍が籠城する原城は陥落し、四郎の一族は皆殺し、四郎の首も長崎に送られた。乱の平定後、圧政により一揆の原因を与えたとして領主は斬首に。反乱を教訓とした幕府は、以降農民への重税も極力控えた。島原の惨劇は幕府を変えたのだ。四郎の戦いは決して無駄ではなかった。天国でそれを四郎も認めたことだろう。

島原の乱以降、四郎は国を恨む美しき反逆者というイメージが定着していく。江戸時代の浄瑠璃『傾城七草蛙合戦』では、七草（天草）は蝦蟇《がま》の妖術で国を傾けようとする。現代では、山田風太郎の小説『魔界転生』の大ヒットの影響が大きい。洋風のマントを羽織った美少年天草四郎と彼の側近森宗《もりそう》意軒《いけん》が、黄泉の国から復活し、世界への恨みを晴らそうとする物語だ。それを阻止しようとする剣豪柳生十兵衛［→P174］とあわせて、歴史上の人物で創作する楽しさを世に知らしめ、多くのフォロワーをうんだといえる。

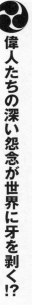

鼠小僧次郎吉《ねずみこぞうじろきち》

別名 次郎八（じろはち）、治郎太夫（じろうたゆう）など

時代 江戸末期
生没年 1796～1832年
地位 盗賊
ゆかりの地 回向院（東京都）など
登場作品 『甲子夜話』『鼠小紋東君新形』など

江戸随一の大盗賊は本当に義賊だったのか

盗みの標的は庶民ではなく武士だけ、さらに盗んだ金は庶民に施したといわれる江戸の義賊鼠小僧。いかにも架空の存在のように思えるが、実在の人物である。ただし、本当に義賊だったのかというと疑わしい。

鼠小僧の本名は複数伝わっており、一般的には次郎吉と呼ばれる。出身地にもよくわかっておらず、江戸日本橋のうまれであるとか、歌舞伎小屋の会計係を務める父をもっていただとか、諸説ある。少年の頃に武家の足軽奉公をしていたが、次第に不良とつきあうようになり、20歳前後の時には博打を生業にするようになったらしい。しかし博打は大して強くなかったようで、その元手を

稼ぐために盗みをはたらくようになったという。

この時目をつけたのが武家屋敷だった。かつて奉公で武家屋敷に出入りしていた鼠小僧は、武家屋敷の警備が意外と手薄だと知っていたのだ。しかも体面を気にする武士は、泥棒の侵入を許したうえに盗みをされてみすみす逃がしたなどと世間に知られたくないため、被害を秘匿することが多かった。これで金を持っているのだから、盗みに入らない手はなかったのである。こうして鼠小僧は、15年間に139家もの武家屋敷で1万2千両程度を盗んだという。

つまり鼠小僧が武士ばかりから盗んだ理由は義侠心などではなく、単純に盗みやすかったからだ。運尽きてお縄となった鼠小僧の自供によれば、盗んだ金はすべて博打や酒や遊びに使ってしまい、庶民に施したことはないという。しかし特権階級の武士に反発心を抱く庶民たちは、「我々に害が及ばないように嘘をついたのだ」とやたらポジティブに捉え、鼠小僧を英雄にまつりあげた。

あくまで窃盗犯である鼠小僧は、捕えられた年のうちに磔刑に処された。遺体は江戸本所の回向院に葬られたが、その墓石には賭博に勝てるとか痔が治るとかの利益があるといわれたため、削り取られた多くの傷跡が残されている。

秦致貞筆『聖徳太子絵伝』より黒駒に乗って富士山を飛び越える聖徳太子
（「国立博物館所蔵品統合検索システム（国立文化財機構）」
（https://colbase.nich.go.jp/）の画像を加工して利用）

4章 武者・忍者・剣豪

大衆文化から人気を得た英雄

多くのメディア作品から創作された伝説の数々

日本史上には、教科書に載るような事績はないのに、エピソードやキャラクターが広く知れわたっている人物が多い。このような人物の物語は、どのようにうみ出され、私たちの知るところとなったのだろうか。

伝説的エピソードの原点は、平安時代から流行りはじめた『今昔物語集』などの説話集や、鎌倉時代以降ブームになった『平家物語』などの軍記物だ。源頼光［↓P56］の妖怪退治や那須与一［↓P152］の屋島での奇跡など、当時から活躍していた武芸者の生涯は、これらの書物の中でドラマチックに脚色された。さらに、室町時代には「能」が登場。能によって〝舞台化〟を成し遂げた伝説の数々は、貴族や武士にたいそう好まれた。

江戸時代には、能の流れを汲んだ「人形浄瑠璃」や「歌舞伎」などの芸能において物語が紡がれる。登場人物の境遇や前日・後日譚、果ては敵討ちや義理・人情など江戸庶民が愛した設定が脚色された。たとえば、源頼朝暗殺を企てた平景清［→P148］を描く浄瑠璃『出世景清』には、原作『平家物語』や能の『景清』には出てこない景清の妻が登場。景清は妻の命を守るために自首するという、人情味あふれるストーリーに仕立てられている。さらに浄瑠璃や歌舞伎のあらすじをまとめた草双紙（娯楽本）や、名シーンを描いた浮世絵が発売されたことで、偉人の伝説は庶民にまで広まったのだ。

江戸時代末期には「講談」が成立。話芸のひとつで、武将や偉人の物語をリズミカルに読みあげるのが特徴だ。この講談を書き起こした文庫本は、子どもたちの間でヒット。とくに立川文庫の『猿飛佐助［→P158］』など、ミステリアスでロマンあふれる忍者ものが人気を集める。

近代以降は、伝説的人物が小説や映画などでも活躍。そうしたメディアから山本勘助［→P154］や宮本武蔵［→P170］といったニューヒーローも登場し、彼らは現代でもTVドラマや漫画、ゲームをにぎわせている。

源義経《みなもとのよしつね》

別名 **牛若丸**（うしわかまる）、**遮那王**（しゃなおう）、**九郎**（くろう）

時代 平安末期
生没年 1159～89年
地位 武将
ゆかりの地 鞍馬寺（京都府）など
登場作品 『平家物語』『義経記』『御伽草子』など

不遇な人生を歩んだ伝説の武将

源義朝《よしとも》の子。源頼朝《よりとも》とは異母兄弟だが、のちに対立することになる。平治の乱で父が敗北したあとに捕らえられるが、幼かったために死を免れる。鞍馬寺に預け入れられ、打倒平家を目標に修行に励んだ。人並み外れた身体能力をもつとされており、壇ノ浦の戦いでは8艘の船に次々と飛び移る〝八艘《はっそう》飛び〟で敵から逃れたという伝説が残されている。

源平合戦

1180年に勃発した、源氏と平家との一連の戦い。治《じ》承《しょう》・寿永《じゅえい》の乱とも呼称する。はじめは平家優勢と見られたが、兄頼朝の挙兵に応えて参戦した義経の活躍もあり、源氏勢力が盛り返す。1185年壇ノ浦の戦いでついに源氏が平家を滅ぼした。

薄緑（膝丸）

源頼光［→P56］の愛刀膝丸は、義経に譲られ「薄緑」と名づけられた。義経が兄との関係修復を祈願して箱根権現に奉納したという。

逃走の日々と出会いで磨かれた強さ

幼少期の源義経は、逃走の日々を送り、鞍馬寺に預けられたあとは、平家討伐を目標に学問と武芸に励む。この頃、鞍馬天狗［↓P90］と出会い、兵法を学んだという伝承もある。

16歳になった義経は、鞍馬寺を出て奥州（岩手県）へと下る。この時の出奔理由は、黄金商人《こがねしょうにん》の吉次が義経を利用するために誘い出した、逆に乗り気でない吉次に義経がついていった、義経が僧になるのを嫌がったなど諸説ある。美野国（岐阜県）で賊を撃退したり、三河国（愛知県）で浄瑠璃姫《じょうるりひめ》と恋仲になったりするなど、義経が通った地には多くの伝説が残っている。

一度京に戻った義経は、一条堀川で陰陽師鬼一法眼《きいちほうげん》から秘伝の兵法書『六韜《りくとう》』を学び取る。この時に学んだ術で、義経は人を襲って刀狩りをしていた弁慶《べんけい》［↓P146］をうち伏せ従わせたという。

非運の人生は「判官贔屓」につながった

1180年、兄頼朝が打倒平家の兵を挙げた際に、義経も参戦。一ノ谷の戦いでは、崖を馬で下るという意表を突いた方法で突撃。平家軍を混乱させて蹴散らし、戦局は源氏有利となった。大活躍の義経であったが、頼朝の許可なく後白河法皇《ごしらかわほうおう》から判官《はんがん》の地位を得たこと、さらに、合戦中に義経と口論した梶原《かじわら》景時《かげとき》が義経を恨み、頼朝に「義経は傲慢」と告げ口したことで、頼朝は義経に不信感を抱いた。頼朝は、凱旋した義経が鎌倉に入ることを許さず、刺客を送って殺そうとする。ここから、義経の逃走の日々が再びはじまった。

義経は長い旅の末に、奥州の藤原秀衡《ふじわらのひでひら》に庇護されたものの、秀衡の死後、息子の泰衡《やすひら》は頼朝に従う道を選び、義経を襲う。ついに追い詰められた義経は自害した。しかし、鞍馬天狗に助けられて遮那王尊となり護法魔王尊の脇侍となった、蝦夷島（北海道）から大陸にわたってチンギス＝ハンになりモンゴル帝国を築いたなど、義経が生き延びたとする伝説もある。

義経の悲運の人生に多くの人が同情し、「判官《ほうがん》贔屓」という言葉までうまれた。その人気ぶりは現代も健在でNHK大河ドラマでは2回も主人公に選ばれるなど、数えきれないほど多くの作品で愛され続けている。

武蔵坊弁慶《むさしぼうべんけい》

別名 鬼若（おにわか）、若一（にゃくいち）など

時代 平安末期
生没年 ?～1189年
地位 僧兵
ゆかりの地 五条大橋（京都府）など
登場作品 『平家物語』『義経記』『弁慶物語』など

死してもなお倒れなかった忠臣

弁慶は、源義経〔↓P142〕の郎党。死の間際まで義経を守り続けた忠臣として知られているが、義経と出会うまではかなりの暴れ者であったとされている。母の腹に18か月とどまった弁慶は、うまれた時から2～3歳児の体格で歯が生えそろい、髪は肩まで伸びていた。疱瘡《ほうそう》をわずらって顔に痕が残ったため、両親は弁慶を僧にしようと比叡山に預けた。弁慶は非常に賢く、文才もあったが素行が悪く山を追い出され、播磨国（兵庫県）の書写山《しょしゃざん》に身を置くが、ここでも問題を起こして放逐される。その後弁慶は、「人は千の宝を持つものだ。藤原秀衡は馬千頭に鎧千領、松浦の大夫は胡籙《やなぐい》と弓を千持つという。わしは千

本の刀を宝としよう」と考え、京都で夜な夜な人を襲い、刀を奪う。999本の刀を手に入れ、目標まであと1本となったある日、五条大橋で義経と出会った。弁慶は、義経の刀を千本目とすべく戦いを挑むが、鬼一法眼の兵法を扱う義経に敗北。以来、弁慶は義経の忠臣となった。

弁慶は、義経が兄の頼朝と衝突し、奥州へと落ち延びる旅の中で、その優れた知力と武力を発揮。一行が乗る船を平家の怨霊が襲った際は矢を射て鎮め、義経の身分がばれそうになった時は主君義経を杖で叩くという芝居を打つなどして多くの危機を乗り越える。この逃避行は能の『安宅《あたか》』や歌舞伎の『勧進《かんじん》帳《ちょう》』として広く知られている。

藤原泰衡が頼朝に屈して義経を襲撃した際、弁慶は義経に最後の別れを告げ、義経が立派に自害するまで守りとおすことを決意。全身に多くの矢を受けたが決して倒れず、直立不動のまま絶命した。

打たれると痛い向こう脛、転じて弱点を「弁慶の泣き所」というが、これは強い弁慶ですら痛がるという意味。実際に弁慶が脛をぶつけて痛がったというエピソードはないので、弁慶本人は不本意に思っているのではないだろうか。

平景清《たいらのかげきよ》

別名 藤原景清（ふじわらのかげきよ）、悪七兵衛景清（あくしちびょうえかげきよ）

時代 平安末期～鎌倉初期
生没年 ？～1196年
地位 武将
ゆかりの地 生目神社（宮崎県）など
登場作品 『平家物語』『大仏供養』『出世景清』など

37 度頼朝暗殺を試みた執念の武士

平安末期から鎌倉初期に活躍した平家の武将。出自についての資料が少なく、生年もわかっていない。明確に景清の活躍が見られるのは、『平家物語』源平合戦のくだりである。源頼朝配下の武将美尾屋十郎《みおのやじゅうろう》が身につけていた兜の錏《しころ》（兜の横や後ろに垂れている、首元を保護する部分）を、景清がその剛力で引きちぎったという。壇ノ浦の戦いを生き延びたが捕らえられて頼朝に降伏、断食し自害した。しかし、時が経つにつれて景清はダークヒーローとして描かれるようになっていった。

謡曲『大仏供養』では、東大寺大仏供養の日、景清は人混みにまぎれて頼朝の命を狙う。しかし見つかってしまい、隠形の術で身を隠して逃げ延びた。

幸若舞《こうわかまい》『景清』では、景清は実に37回も頼朝の命を狙うが、いつも畠山重忠《はたけやましげただ》に見つかり、失敗してしまう。景清は熱田大宮司のもとに潜伏するが、景清の愛人で清水坂の遊女あこ王が訴人《そにん》に出る。あこ王は景清との間に子をもうけていたが、景清の行く末に不安を感じ、子どものためにとった行動であるとされている。しかし景清は、あこ王との間にできた子どもを殺して、逃走する。

清水寺に詣でたあと、義父が捕らわれたため自首。ついに六条河原で斬首されることになる。しかし、清水観音の加護で景清は生き延びた。これを知った頼朝は、景清を許すことにし、所領を与えた。すると景清は自らの両目をえぐり、盲目となった。目をえぐった理由は、頼朝への復讐心を忘れるためであるとする説と、この先の源氏の繁栄が見たくなかったとする説がある。この時えぐった両目が落ちたとされる場所が、宮崎県の生目神社《いきめじんじゃ》といわれている。

景清は名刀あざ丸（景清が刀に写る顔のあざを見たことが名の由来）を所持していたとされる。景清以降も持ち主を代えて受け継がれたが、目を負傷したり眼病に侵されたりするなど所持者は皆、目に悩まされたという。

巴御前《ともえごぜん》

別名 鞆（ともえ）、鞆絵（ともえ）

時代 平安末期
生没年 不明
地位 女武者
ゆかりの地 徳音寺（長野県）など
登場作品 『平家物語』『源平盛衰記』など

美貌と剛力を兼ね備えた女武者

巴御前は信濃国（長野県）の女性。源（木曾）義仲の妾《めかけ》で、その最期までつき従ったとされる。非常に美しく、また武芸も達者。普通の弓よりも強い力が必要な強弓《ごうきゅう》を扱い、大太刀を振るい、荒馬を乗りこなす一人当千《いちにんとうせん》の女武者であったという。木曾で大きな勢力をもつ中原兼遠《なかはらかねとお》の娘。義仲の父源義賢《よしかた》が兄である義朝と対立の末に命を落とすと、当時2歳の義仲も殺されそうになったが、なんとか逃がされ、兼遠が引き取ったことで巴と出会った。

のちに平家を打ち倒すために兵を挙げた義仲だが、自身を頼ってきた皇族北《ほく》陸宮《ろくのみや》を次の天皇に推挙するなど、問題行動を起こして周囲から敵視されるようになる。信濃国の山中で育った義仲には貴族や皇族の決まりごとを学ぶ機会もなく、情に従って行動したことが仇となったと考えられる。

ついに、頼朝が義仲を討つために動き出す。この時、すでに周囲の信頼を失っていた義仲のもとにいたのは、数名の腹心のみ。巴も義仲のそばで最後まで戦っていたが、義仲は巴に「最期の戦いが女連れとあっては名折れだ」と言って、離れるように命じる。巴は、最後の奉公として敵将の首をねじ切り、武具を脱ぎ捨てて走り去った。これが、巴と義仲の生涯の別れとなる。

巴は信濃国に戻るが、義仲が死ぬと頼朝に捕らえられて鎌倉へ送られた。処刑されることになったが、頼朝の挙兵に参加していた和田義盛《わだよしもり》が巴を妻として引き取ることで助命された。義盛との間には豪傑朝比奈義秀《あさひなよしひで》をもうけたとされる。しかし、巴は義仲最期の戦いの時にはすでに妊娠中だったとする説もある。

巴は女性ながら英雄、勇者として評価されており、現代でも活躍の場は多い。ロールプレイングゲーム『ペルソナ4』では物理攻撃が非常に強力なキャラクターとして登場。また、東京大学木曽観測所の天文用広視野カメラには、彼女にあやかった「トモエゴゼン」という名がつけられている。

那須与一《なすのよいち》

別名 那須宗隆（なすむねたか）、那須資隆（なすすけたか）

時代 平安末期
生没年 不明
地位 武将
ゆかりの地 駒立岩（香川県）
登場作品 『平家物語』『源平盛衰記』など

たった一射で伝説となった弓の名手

もとは源氏方の武士、那須氏の初代当主である那須資隆《すけたか》の十一男で、与一という名は11という意味である。兄弟の多くは有力な平家に与したが、与一とすぐ上の兄為隆《ためたか》のふたりは源氏に従い、源義経［↓P142］が率いる軍勢に加わっていた。のちに為隆が義経の命令に背いたため、十一男ながら家督を継いだ。この時、父と同じ資隆を名乗ったと伝わる。

屋島合戦の際も、与一は義経に従軍していた。義経は屋島御所を奇襲し、平家の軍勢を海上に追いやった。陸に源氏、海に平家でにらみ合っていると、美しい女が乗った小舟が平家方から現れた。小舟の船棹には赤い日の丸が描かれた扇が立てられ、女が陸の源氏に向かって手招きをする。義経は、扇を射落とせと命じた。はじめは義経に従軍していた武将畠山重忠が推薦されたが辞退。次に与一の兄為隆が選ばれるがこれも辞退し、与一が選ばれた。与一は目を閉じて「南無八幡大菩薩、我国の神明、日光権現宇都宮、那須の湯泉《ゆぜん》大明神」と神々に祈り、射損じた時は自害するとした。与一が目を開けると、北風が少しおさまった。両軍の人々がじっと見守る中、与一がついに矢を射ると、扇に見事命中。射落とされた扇は一時春の風に吹かれて空を漂ったのち、海にはらりと落ちて波の上を漂った。この時、味方だけではなく敵からも賞賛の声があがったとされている。この功績を称えられ、源頼朝から丹波国（京都府）五賀荘《ごかそう》など5つの荘園を賜り、与一は一気に名をあげたのだった。源平合戦が源氏の勝利に終わると、与一は頼朝の上洛につき従うが、そのまま伏見で死去、同地の即成院に墓所が建てられたという。

与一の名声は現代にも轟く。アニメ『新世紀エヴァンゲリオン』で第5使徒ラミエルを遠方から狙撃する作戦の名称は、与一が扇を射落とした屋島合戦のエピソードに由来して「ヤシマ作戦」と名づけられた。

山本勘助《やまもとかんすけ》

別名　山本勘介、山本晴幸（やまもとはるゆき）、道鬼斎（どうきさい）

時代　戦国
生没年　1493?～1561年
地位　武将
ゆかりの地　勘助宮（長野県）など
登場作品　『甲陽軍鑑』『武功雑記』『信州川中島合戦』

川中島に散った隻眼の天才軍師

武田軍の軍師。三河国（愛知県）でうまれたとされる。軍学書『甲陽軍艦』によると、醜男で隻眼、片足が不自由なうえ、手の指も何本か欠けていたという。容姿には恵まれなかったが、京流の兵法を修め、諸国の情勢にも通じた見識豊かな人物であった。なお、浄瑠璃『信州川中島合戦』では、勘助の片目片足が不自由になった理由が猪を討った際に負傷したためとなっている。

勘助は、当時勢いのあった今川家に仕えようと訪ねた。しかし、身体が不自由なうえに家来もいない勘助に、今川義元は活躍の機会を与えなかった。

今川家に見切りをつけた勘助を召し抱えたのが、武田信玄である。信玄は、勘助の身なりを整えさせるため支度金や馬、武具を与えて優遇した。信玄の人を見る目、先見力の高さがうかがえる。しかも、身支度を調えた勘助を一目見た信玄はいっそう気に入り、仕官前に約束していた倍の知行を与えることにしたという。実際勘助は、ハンディキャップを抱えながらもも充分に強かったという。武田氏の戦術等を記した『甲陽軍鑑』によると、勘助の剣の腕は「兵法仁《ひょうほうじん》」すなわち達人であるとしている。

勘助は、信玄の期待に応える活躍を見せる。信濃国（長野県）への武田軍の侵攻では、的確な策で窮地を救い、勝利をもたらした。また、小諸城や高遠城の築城、改築でも、その技術や知識を遺憾なく発揮した。

川中島の合戦で信玄と上杉謙信［→P204］が激突した際、勘助は信玄に奇襲を提案する。しかし、戦の天才謙信は策を見抜き、夜間のうちに物音を立てずに移動した。武田軍は総崩れとなり、その中で勘助も戦死。一説では、失策の責任を感じた勘助が、自ら敵中に突撃したとされている。

当てずっぽうを意味する「やまかん」の語源が、山本勘助だとする説があるが、策士である勘助にはふさわしくないため、否定されることが多い。

山中鹿之助《やまなかしかのすけ》

別名 **山中幸盛**（やまなかゆきもり）、**亀井甚次郎**（かめいじんじろう）、**幸盛院鹿山中的居士**（こうせいいんかさんちゅうてきこじ）**など**

時代 戦国
生没年 1545?～1578年
地位 武将
ゆかりの地 月山富田城（島根県）など
登場作品 『太閤記』『名将言行録』など

主家再興のため自ら苦難を願った忠烈の士

戦国時代の中国地方は尼子家と大内家が勢力を二分していたが、両家は謀神と呼ばれた毛利元就によって立て続けに滅ぼされた。しかしこののち、毛利軍は度重なる尼子家再興軍の抵抗に苦しめられることとなる。しぶとく食い下がる再興軍の先頭に立つ武将は、「尼子十勇士」筆頭であり「尼子三傑」にも数えられる山中幸盛、通称鹿之介だった。

鹿之介の主君、尼子義久は、毛利軍に居城の月山富田城を包囲されて降伏し、毛利家の領地にある円明寺に幽閉された。鹿之介は同行を願ったが許されず、出雲大社で引き離される。この悔しさを胸に尼子家再興を決意した鹿之介は、信仰する三日月に向かって「我に七難八苦を与えたまえ」と祈ったという。そして僧籍にあった尼子勝久を還俗させて尼子家再興軍の旗頭に据えると、まさに七難八苦となる主家復活の戦いに身を投じたのだった。

勝久率いる再興軍は旧臣たちを取り込みながら進軍し、月山富田城奪還を狙う。奪還戦は三度にわたり、鹿之介は敵に捕らえられても脱走して戦い続けた。しかし三度目の戦いで拠点の上月城が毛利軍に包囲され、手を組んだ織田信長の援軍も打ち切られてしまう。絶体絶命の再興軍が降伏を願うと、条件として勝久の切腹と鹿之介ら再興軍の有力武将を捕虜とすることが突きつけられた。

こうして勝久は自害、またも主君と涙ながらに別れた鹿之介は、備中松山城に連行される道中で毛利家家臣に暗殺された。忠義一筋の生涯だった。首を取られて打ち捨てられた鹿之介の遺体は、備中の観泉寺の住職が葬ったという。明治時代には、岡山県高梁市でこの伝説を裏づけるような頭蓋骨のない遺骨が発見され、現在も鹿之介の胴塚として伝わる。

「忠烈の士」鹿之助は後世、講談や浮世絵の題材として人気を博し、戦前の教科書には鹿之助が「七難八苦」を誓うシーンが掲載された。

猿《さる》飛《とび》佐《さ》助《すけ》

別名 猿飛佐助幸吉（さるとびさすけゆきよし）

時代 戦国
生没年 不明
地位 真田家家臣、甲賀忍者
ゆかりの地 九度山（和歌山県）など
登場作品 『猿飛佐助』、『真田十勇士』など

幸村に仕えたアクロバット忍者

甲賀忍者戸沢白雲斎《とざわはくうんさい》のもとで修行し、忍術の免許皆伝を受ける。とても身軽で、猿のうまれ変わりと評されるほどだった。戦国武将真田幸村《さなだゆきむら》［→P212］が率いた真田十勇士《じゅうゆうし》のひとり。大阪の陣では忍術を駆使して幸村を助けるも、味方した豊臣軍が敗北。総大将の豊臣秀頼を幸村とともに護衛し、薩摩国（鹿児島県）まで落ち延びたといわれる。

真田十勇士

幸村に仕えた10人の忠臣。メンバーは佐助のほか、穴山小助・海野六郎・筧十蔵《かけいじゅうぞう》・三好伊三入道《みよしいさにゅうどう》・三好清海入道・望月六郎・由利鎌之助、そして佐助と同じく忍者の霧隠才蔵《きりがくれさいぞう》である。ただし十勇士のくくりと呼び名が誕生したのは、彼らの活躍を語る講談が立川文庫で書籍化された大正時代になってから。さらに各メンバーはそれぞれモデルがいるとされるが、キャラクター自体はあくまで架空の人物。

幸村とともに戦国の幕引きを夢見た忍者

うまれつき身軽だった猿飛佐助は、武家出身ながら山の中で猿とともに木々を飛び移って遊ぶ少年時代を過ごし、猿のうまれ変わりとまでいわれた。11歳からの3年間、佐助の才能を見込んだ甲賀忍者戸沢白雲斎に甲賀忍術の極意を学び、超人的な視覚や聴覚を身につける。

甲賀忍術の免許皆伝となった佐助は戦国武将真田幸村と出会い、忍術でいたずらを仕掛けるが、幸村に一喝されるとその迫力に感服して家臣になると誓う。以降は真田十勇士のひとり三好清海入道とともに諸国をめぐって情報収集に励んだほか、同じく忍者の霧隠才蔵を仲間にスカウトするなどした。

やがて徳川家康［→P210］が関ヶ原の戦いに勝利すると、幸村の主君豊臣秀頼と豊臣家の天下を狙う家康との決戦は不可避となり、大坂の陣が開戦する。佐助は「家康を倒して戦国を終わらせる」と決意して秀頼陣営に加わった幸村に従って出陣。忍術で敵を翻弄するが、勝利したのは家康だった。そこで佐助は幸村と秀頼とともに、再起を期して薩摩に逃れた。

モデルとなった人物には複数の説が

以上の筋書きは史実をなぞっているものの、あくまで架空の物語である。幸村と秀頼は大坂の陣で世を去ったうえ、佐助は創作されたキャラクターだ。しかし佐助のモデルといわれる実在人物は複数存在する。まず、伊賀忍者で下柘植《しもつげ》ノ木猿《きざる》と呼ばれた忍者。本名を上月佐助といい、大坂の陣後に家康が下柘植で残党狩りをするほど恐れていたという。次に、幸村家臣の三雲佐助賢春《みくもさすけかたはる》という人物。関ヶ原の戦いに敗れた幸村が家康に蟄居を命じられた際、身近に置いた家臣と伝わる。さらに、真田家が仕えた武田家の忍者出浦盛清《いでうらもりきよ》。武田家滅亡後は真田家に仕え、諜報やゲリラ戦法に貢献したとされる。

このような忍者や幸村家臣をもとに〝忠義の忍者佐助〟は誕生し、大正時代に立川文庫から書籍が出版されると爆発的な人気を得たのだ。縦横無尽に活躍した佐助は後年の作家たちも魅了。織田作之助や柴田錬三郎などが佐助を主人公にした作品を書いている。また、ゲーム『戦国ＢＡＳＡＲＡ』では飄々としながら常に幸村を気遣う頼れるサポート役として登場する。

風魔小太郎《ふうまこたろう》

別名　風間小太郎（かざまこたろう）、風摩小太郎（かざまこたろう）、風間出羽守（かざまでわのかみ）など

時代　戦国

生没年　?～1603年?

地位　北条家家臣、相州乱波

ゆかりの地　足柄下郡（神奈川県）など

登場作品　『北条五代記』『慶長見聞集』『関八州古戦録』など

北条一族を闇で支えた異形の忍者

戦国大名北条氏に仕えたとされる忍者集団風魔一党の頭領。「風魔小太郎」は風魔一党の頭領代々の名乗りで、特に目覚ましい活躍をしたのは5代目といわれる。5代目風魔小太郎は2m超の巨漢で牙が生えているなど、人間離れした容貌と伝わる。暗殺や戦場の攪乱などを得意とし、黄瀬川の戦いなどで味方を勝利に導いた。

北条氏

下剋上で相模小田原に領地を得た北条早雲を始祖とする戦国大名。5代約100年で関東一円を支配した。鎌倉幕府執権の北条氏とは直接の血縁がないため、後北条氏と呼んで区別することもある。

乱波《らっぱ》

忍者と同義だが、特に関東圏の忍者的異能者を指す。「恐ろしいもの」という意味合いが強く、無頼漢や盗賊、時には物の怪を指すこともある。

北条氏の関東支配の影には凄腕忍者がいた

相模小田原を本拠地として関東一円に勢力を誇った戦国大名北条氏は、初代北条早雲の時代から風魔一党という忍者集団を雇っていたと伝わる。その頭領が、風魔小太郎だ。「風魔小太郎」という名は歴代の頭領の世襲で、特に事績が伝わっているのは北条氏5代目当主氏直に仕えた5代目小太郎といわれる。

5代目小太郎の容貌については『北条五代記』に「身長約2・2m、筋肉はこぶのように隆々として、目は逆さまに裂け、口は横に広く裂けて黒ひげに覆われ、牙が4本むき出しになっている」とある。この表現には誇張とともに、人知れず暗躍する忍者に対する畏怖の念も込められているだろう。

小太郎は潜入や暗殺が得意で、氏直が甲斐国（山梨県）の武田勝頼と対決した黄瀬川の戦いでは武田軍を散々に翻弄したという。激流の黄瀬川を易々とわたり、夜襲と略奪を繰り返したのだ。苛立った勝頼が自軍の忍者を潜入させたが、武田忍者は小太郎の合図で立ったり座ったりする「立ちすぐり居すぐり」という風魔一党独自のサインがわからず、正体を見破られて始末された。

「風間某」は5代目小太郎と同一人物か?

風魔一党は足柄下郡の風間谷出身で、もともと風間姓を名乗っていたようだが、風間谷という地名は実在しないといわれる。しかし北条氏の文書には「風間」、「風間出羽守」という人名がたびたび見られるため、北条家臣に風間という人物がいたことは確かなようだ。この風間某が5代目小太郎と同一人物かは不明だが、諜報も担当したらしい点から、忍者だった可能性は否定できない。

北条氏が豊臣秀吉[→P208]の小田原攻めに屈して没落すると、風魔一党は江戸に流れて盗賊になったという。やがて江戸幕府が開府し、治安維持のための盗賊狩りが行われ、「風摩」が捕えられて刑死したと『慶長見聞集』は伝える。この風摩が5代目小太郎という説もあるが、同一人物かはやはり不明だ。

謎多き忍者である小太郎は、エンタメ作品でもミステリアスなキャラクターに設定されることが多い。アクションゲーム『戦国無双』では戦闘モーションで腕が伸び、同じくアクションゲームの『戦国BASARA』では一切台詞がなく声優の配役もない。

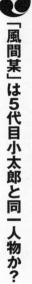

加藤段蔵《かとうだんぞう》

別名　飛び加藤（とびかとう）、鳶加藤（とびかとう）、加当段蔵（かとうだんぞう）など

時代　戦国
生没年　?～1557年?
地位　忍者、幻術使い
ゆかりの地　春日山城（新潟県）
登場作品　『甲陽軍鑑』、『伽婢子』、『北越軍談』など

優秀すぎて命を縮めた正体不明の忍者

闇に生きた忍者は残された史料が非常に少なく、実像に不明点が多い。それでも、戦国大名と深く関わった忍者などは出身地や流派の記録があるものだ。ところが、加藤段蔵は後世に伝わる逸話を残しながら出身地も流派も不明という、ミステリアスな忍者である。

『伽婢子《おとぎぼうこ》』では段蔵の出身地を常陸国（茨城県）秋津郡としているが、秋津郡という地名は実在しない。茨城県にはかつて行方郡《なめかたぐん》秋津村という地名が存在したが、段蔵との関係は不明だ。また、忍術の流派に関しては、伊賀忍者とも、甲賀忍者とも、はたまた風魔次郎太郎から幻術を習った風魔党の忍者ともいわ

れており、やはり判然としない。

段蔵が残した逸話とは、『伽婢子』によれば次のようなものである。段蔵は上杉謙信［→P204］への仕官を望み、まず謙信の居城である春日山城の城下で民衆に幻術を披露した。その幻術とは、1頭の牛を丸ごと飲み込む呑牛の術。しかし実際には、牛の背に乗っていただけだ。これを木の上から見ていた男に看破されると、腹を立てた段蔵は傍らの夕顔の花を切り捨てた。その次の瞬間、木の上にいた男の首がいきなり転がり落ちたのである。

この噂を聞いた謙信に謁見を許された段蔵は、早速「どんな壁も塀も跳び越えるほど跳躍術に自信がある」と熱烈アピールする。そこで謙信は、重臣である直江家の屋敷の厳重な警備を跳び越えて、当主愛用の長刀を盗み出すよう命じた。段蔵はこの任務をあっさりやってのけたうえ、下働きの少女まで盗んでくる。謙信は段蔵の能力の高さに感心するが、同時に裏切られたら危険だと考え、家臣に段蔵の討伐を命じた。これを察した段蔵は素早く姿をくらませ、次に甲斐国（山梨県）の武田信玄に仕官を望む。しかしここでも能力の高さを危険視され、最期は信玄が放った忍者によって抹殺されてしまうのだった。

服部半蔵《はっとりはんぞう》

別名 **服部正成**（はっとりまさしげ）、**服部正成**（はっとりまさなり）、**鬼半蔵**（おにはんぞう）など

時代 戦国
生没年 1542～97年
地位 徳川家家臣、伊賀忍者
ゆかりの地 半蔵門（東京都）など
登場作品 『伊賀者由緒記』『寛政重修諸家譜』など

徳川忍者軍団を率いて家康に忠勤を捧げる

江戸幕府初代将軍となった徳川家康［→P210］の懐刀といえる存在だった忍者が、服部正成だ。通称の「半蔵」は服部家当主が世襲した名で、正成はその2代目である。服部氏はもともと伊賀国（三重県）の出身で、正成の父初代半蔵保長《やすなが》は伊賀で服部党という忍者集団の頭領を務めた。保長が家康の祖父松平清康に仕官したのを機に三河国（愛知県）に移住し、誕生したのが正成である。

つまり正成は伊賀忍者の流れを汲むが、伊賀出身ではない。実際、忍者だったのは初代のみで、正成以降の半蔵はあくまで徳川家臣の武将だったといわれる。しかし『寛政重修諸家譜《かんせいちょうしゅうしょかふ》』では正成が徳川配下の忍者集団を率いたとさ

れ、忍者を使った諜報や偵察は行ったようだ。

正成の代表的な活躍といえば、家康を本能寺の変後の混乱から救った「神君伊賀越え」だろう。京都本能寺で織田信長が明智光秀［→P128］に討たれた時、家康は正成を含むわずかな家臣とともに堺の町を観光中だった。同盟相手の信長から招待され、京都と堺の見物を勧められたためだ。この状況は光秀にすれば、家康を討つまたとないチャンスといえる。至急、家康を三河に帰還させねばならないが、道中には落ち武者狩りや野盗が出没するため、迂闊に動けない……。家臣たちが焦るなか、『伊賀者由緒記』によれば、正成が伊賀忍者との縁を頼って協力を取り付け、忍者たちに家康を護衛させて伊勢湾までの山道を無事通過して海路三河に送り届けたという。窮地を脱した家康は正成に感謝し、協力した忍者たちを召し抱えて正成をその統率役に抜擢した。

こののち家康が江戸を本拠地とすると、正成と配下の忍者は江戸城裏門の警備を任された。裏門は有事の際に要人を脱出させる非常口である。家康が最後の最後に頼れるのは忍者だと考えたといえるだろう。この裏門はやがて半蔵門と呼ばれるようになり、現在は地下鉄の路線名や駅名にもなっている。

宮本武蔵《みやもとむさし》

別名 弁之助（べんのすけ）、藤原玄信（ふじわらげんしん）、二天道楽（にてんどうらく）、新免武蔵居士（しんめんむさしこじ）など

時代 江戸初期
生没年 ?～1645年
地位 剣術家、二天一流開祖
ゆかりの地 巌流島（山口県）など
登場作品 『五輪書』『武将感状記』『播磨鑑』など

剣術家だけでなく著述家、芸術家の面ももつ

宮本武蔵といえば日本人なら誰もが名を知る剣術家だろう。二刀流の太刀さばきで巌流島にて宿敵佐々木小次郎［→P172］を破る……江戸時代の歌舞伎『敵討《かたきうち》巌流嶋』や昭和初期の吉川英治の小説『宮本武蔵』などではそんな武蔵の英雄的活躍が描かれるが、実際には不詳な部分が多い。

武蔵が自著『五輪書』に記した経歴によれば、「出身は播磨」、「28か29歳の頃まで60余ほどの試合をして1度も負けなかった」、「50歳の頃、兵法の道を体得」、「自分の兵法は二天一流と称した」という。しかし美作国《みまさか》（岡山県）出身説もあり、出身地からすでによくわからない。

巌流島の決戦は武蔵29歳の時といわれるが、『五輪書』では詳細に触れておらず、武蔵死後に書かれた『二天記』などに記されている。武蔵は凄腕剣術家の佐々木小次郎との決闘に際し、わざと遅刻して小次郎を苛立たせて隙を生じさせ、脳天と脇腹を攻めて勝利したという。この時武蔵は木刀で戦ったとされているほか、『武将感状記』では船の櫂でつくった二刀流を用いている。

また、武蔵は17歳の時に関ヶ原の戦い、31～32歳の時に大坂の陣に参戦したといわれるが、やはり『五輪書』では触れていない。武蔵が両合戦で戦った決定的な記録は見つかっていないため、伝説の域を出ない逸話だ。

むしろ、武蔵の実像に迫るには他流試合をやめたという30歳以降が重要である。武蔵が高名な剣術家だったことは確からしく、江戸時代には大名に招かれて剣術指南もしたという。同時に、僧侶や学者と交流して見聞を広めた。こうして亡くなる2年前から『五輪書』の執筆をはじめ、この中で武蔵は剣術を通じて「ひとつの道を極めることは人生を極めることに繋がる」という哲学を説いている。さらに芸術家としても才を発揮し、「枯木鳴鵙図《こぼくめいげきず》」などの書画や工芸品を残した。武蔵は剣術一辺倒の〝脳筋〟ではなかったのだ。

佐々木小次郎《ささきこじろう》

別名　**九三郎**（きゅうざぶろう）、**岩流小次郎**（がんりゅうこじろう）、**佐々木巌流**（ささきがんりゅう）など

時代　江戸初期
生没年　1595?〜1612年?
地位　剣術家、巌流開祖
ゆかりの地　一乗滝（福井県）など
登場作品　『本朝武芸小伝』『武将感状記』『二天記』など

流麗なる剣技の使い手、巌流島に散る

佐々木小次郎が宮本武蔵［↓P170］との決闘の場とした巌流島は、本当の名を船島という。「巌流」とは小次郎が名乗った号であり、開祖となった流派名で、決闘後からこの名にちなんで巌流島と呼ばれるようになったという。

小次郎の剣術は、素早くしなやかな動きが特徴だったようだ。「物干し竿」と呼ばれる長太刀を操って、秘剣「燕返し」を繰り出したと伝わる。燕返しは振り下ろした刃を即座に反転させて振り抜く技。燕が飛びながら身を返す姿に似ていることが由来とされ、舞を舞う女性の動きから着想を得たともいわれる。このように、独自の流派や必殺技をもつほどの剣の達人だった小次郎だが、

経歴は詳しく伝わっていない。生年には諸説あり、武蔵との決闘時は17歳の若武者だったとも、70歳過ぎの老人だったともいわれる。また出身地にも越前国（福井県）説や周防国（山口県）説がある。

巌流島の決闘については、『二天記』に次のように記されている。決闘開始時間の午前8時にきちんと巌流島まで来た小次郎に対し、武蔵が現れたのは午前10時過ぎ。これは小次郎を苛立たせて隙を誘う武蔵の策略で、思う壺にはめられた小次郎は苛立ちから冷静さを欠いて鞘を海に投げ捨てた。すると武蔵が「小次郎、敗れたり。勝者がなぜ鞘を捨てるのか」と挑発したため、小次郎は激高して斬りかかる。しかし小次郎の刃は武蔵の鉢巻を斬っただけで、一瞬早く動いた武蔵が手にした木刀で小次郎の脳天を捕えた。それでも小次郎は反撃しようとしたが逆に隙を生じ、武蔵に脇腹を砕かれて命尽きたのである。

小次郎と武蔵が決闘した理由は「剣豪がふたりいたから」で充分だが、歌舞伎や浄瑠璃では「かつて小次郎が武蔵の父親を斬ったから」という仇討譚の筋書きが加えられた。さらに『肥後沼田家記』では、小次郎が決闘後に息を吹き返して武蔵の弟子に倒されるという、バトル漫画のような異伝が語られている。

柳生十兵衛《やぎゅうじゅうべえ》

別名　柳生三厳（やぎゅうみつよし）、柳生七郎（やぎゅうしちろう）など

時代 江戸初期
生没年 1607〜50年
地位 江戸幕府幕臣、柳生藩2代藩主、柳生新陰流剣術家
ゆかりの地 旧柳生藩陣屋跡（奈良県）など
登場作品 『月之抄』『新陰流月見の秘伝』『玉栄拾遺』など

謎の空白期間がうんだ隠密伝説

祖父の代から続く柳生新陰流剣術の継承者で、天下無双を誇ったといわれる達人。主君徳川家光の怒りを買って12年間もの謹慎を命じられたが、その間の行動に不明点が多く、江戸幕府の隠密として諸国を行脚したという伝説がうまれた。父宗矩《むねのり》は幕府重臣だったため、対立関係で描かれることも多い。隻眼だったともいわれる伝説の多い人物。

柳生新陰流《しんかげりゅう》

戦国時代の剣豪上泉信綱《かみいずみのぶつな》から十兵衛の祖父柳生宗《むね》厳《よし》に伝授された新陰流剣術を、特に柳生新陰流と呼ぶ。柳生新陰流はさらに江戸柳生と尾張柳生に細分化され、十兵衛の父宗矩が江戸柳生開祖となった。

三池典太光世《みいけでんたみつよ》

十兵衛は平安時代末期の刀工三池典太光世の刀を愛用したと伝わっている。光世の銘入り作品は現存数が極めて少ないが、国宝の大典太光世など秀作がそろう。

江戸幕府の密命を受けて諸国を行脚した？

江戸幕府将軍徳川家の剣術指南役を務める剣術家の家にうまれた柳生三厳、通称「十兵衛」。祖父宗厳から続く柳生新陰流を会得して天下無双と謳われる達人となったが、幕府の公式記録上は柳生新陰流の隆盛に貢献した以外に目立った功績はない。さらに、十兵衛の生涯には謎めいた空白期間がある。十兵衛も将来は将軍家の剣術指南役となるため、13歳で3代将軍家光の側近となったが、20歳の時に家光の怒りを買い、12年間の謹慎を命じられたのだ。怒りの原因は、十兵衛の自著『月之抄《つきのしょう》』でも幕府編集の『寛政重修諸家譜』でも明らかにされていない。また、十兵衛が謹慎中に何をしていたかは『月之抄』に「兵法の道を学んだ」とあるばかりで具体的にはわからない。

このため、体裁上は謹慎としながらも実際の十兵衛は家光の密命を受けて全国を行脚し、諸国の偵察や山賊退治をしていたという伝説がうまれた。さらには剣の師匠でもある父宗矩が幕府重臣だったことから、十兵衛と宗矩を対立関係に脚色した講談も誕生し、後世には「隠密剣士」の十兵衛像が広く浸透した。

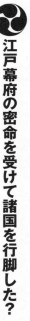

隻眼の真否、急死の原因…多くの謎を残す

また、十兵衛は隻眼だったともいわれ、現代の映画やドラマなどでは眼帯姿で登場することが一般的である。十兵衛が片目を失った理由は「十兵衛に稽古をつけていた宗矩が十兵衛の気迫に押されて本気を出してしまい、片目を傷つけた」などの逸話があるが、十兵衛と同時代の記録に隻眼を証明するものは見つかっておらず、隻眼の肖像画も現存しないため、これも伝説の域を出ない。

多くの伝説に彩られた十兵衛は、最期もミステリアスである。宗矩が没して家督を継いだわずか4年後、鷹狩り中に44歳で謎の急死を遂げたのだ。幕府の検死では死因不明とされたが、十兵衛はかなりの酒好きだったため、高血圧による脳卒中という説もある。一方で、終焉の地弓ヶ淵はかつて十兵衛が暗殺した異母弟友矩の旧領だったため、友矩の旧家臣に復讐されたともいわれる。

生涯に想像の余地が多い剣豪十兵衛は、千葉真一が十兵衛を演じた映画『柳生一族の陰謀』など多くのメディア作品がつくられてきた。近年では漫画『銀魂』などに十兵衛をモデルとした女性キャラも登場している。

立川長編講談文庫『猿飛佐助』の挿絵に描かれた猿飛佐助（左）
（国立国会図書館）

5章 神としてまつられた人物

人間をまつる「人神信仰」

怨霊を鎮める御霊信仰から英雄への信仰へ

実在する人物を神としてまつる信仰を人神《ひとがみ》信仰と呼ぶ。その中でも、恨みを抱いて亡くなった人の念＝怨霊《おんりょう》を鎮め、神としてまつる御霊《ごりょう》信仰はよく知られている。怨霊の古例としてあげられるのが、桓武天皇の弟、早良親王［→P182］。早良親王は長岡京遷都の主導者、藤原種継《ふじわらのたねつぐ》の暗殺事件に関わったと無実の罪を着せられ流刑となり、その道中亡くなった。早良親王の死後、長岡京には疫病が蔓延し、桓武天皇の妻は病死、皇子もまた病に伏した。桓武天皇はこれを早良親王の祟りだと考え、早良親王に「崇道天皇」の諡号をおくり、史上初の御霊会（怨霊鎮魂の儀式）を開催。さらに怨恨の残る長岡京を捨て、平安京へ遷都を行う。以来平安京ではたびたび御霊会が行われ、御霊社（怨霊を

怨霊となったとされるおもな人物

人名	怨霊（御霊）化の原因と思われる事件	まつられる神社	
早良親王［→P182］	無実の罪を着せられ流刑、絶食し死去。これが平安京遷都の遠因になったとも	御霊神社	御霊六座（863年の御霊会でまつられた人物）
文屋宮田麻呂	貴族。謀反の罪で流刑		
橘逸勢	書の名手として知られる。謀反を企てたと讒言され流刑		
伊予親王	桓武天皇の皇子。異母兄の平城天皇に対し謀反を企んだとして、母藤原吉子とともに幽閉ののち自害		
藤原広嗣※	奈良時代の役人。朝廷に反乱を起こすも敗北、処刑		
菅原道真［→P184］	藤原氏の陰謀で大宰府に流刑	北野天満宮	日本三大怨霊
平将門［→P188］	反乱に失敗し斬首刑	神田明神	
崇徳上皇［→P192］	保元の乱に敗れ流刑	金刀比羅宮	
後鳥羽上皇	承久の乱に敗れ流刑	鶴岡八幡宮今宮	

※藤原広嗣ではなく藤原仲成という説もある

まつる神社）が創建された。

時代が下ると、神のごとき才能をもつ人間をまつることで、その能力にあやかろうという考えがうまれた。武勇に長けた武将や強い忠誠心から殉死した人物、太平の世をもたらした天下人など「歴史上のヒーロー」への信仰がそれにあたる。中でも、楠木正成［→P198］など、天皇のために殉死した人物は明治維新の頃「理想の人物像」として奉られるようになった。

また歴史上の有名人だけでなく、一揆を起こした義民や、優れた学者・文化人など、庶民でも神格を得ることもある。

早良親王《さわらしんのう》

別名 崇道天皇（すどうてんのう）、親王禅師（しんのうぜんし）など

時代 奈良末期
生没年 750〜785年
地位 親王
ゆかりの地 崇道天皇社（奈良県）など
登場作品 『続日本紀』『日本紀略』など

都の所在までも揺るがした元祖怨霊

一般的に奈良時代の都は平城京、平安時代の都は平安京といわれるが、奈良時代から平安時代への過渡期に10年ほどだけ存在した都がある。長岡京だ。この都の新設と廃止を決めたのは50代天皇の桓武天皇だが、なぜわずか10年で廃止したのかというと、怨霊の祟りで平安京に遷都せざるを得なかったのだ。その怨霊こそ、桓武天皇の同母弟、早良親王。

桓武天皇が即位すると、天皇は嫡男の安殿皇子に皇太子位を与えようとしたが、父の光仁天皇の勧めで早良親王が皇太子となった。天皇は即位後、政教分離を進めるため、長岡京遷都にともなって寺院を平城京に留め置く計画を立て

た。これに対し僧侶や寺院に縁深い貴族たちは猛反発。かつて「親王禅師」という僧位を得ていた早良親王は、両勢力の間で板ばさみとなった。

そんな最中、桓武天皇の側近で長岡京造営の責任者である藤原種継が何者かに暗殺された。かねてより早良親王を疎ましく思っていた天皇は、早良親王が暗殺に関与したとして皇太子の座を奪い、淡路島への流罪を言いわたす。これに対し早良親王は無罪を主張し、飲食を絶って（または飲食を与えられぬまま）抗議。しかし訴えは届かず、流刑地への移送中に餓死してしまう。それでも早良親王の罪は許されず、遺体は淡路島に運ばれてその地に埋葬された。

こうして桓武天皇は長岡京に腰を据え、安殿皇子を次期天皇につけてご満悦だったが、直後から早良親王の怨霊による凄まじい祟りに苦しめられる。安殿皇子は病気を繰り返し、皇后の乙牟漏、夫人の旅子、母親の高野新笠は相次いで病死、都では飢饉や疫病が発生したのだ。そこで桓武天皇は鎮魂の儀式を行ったが、それでも川の氾濫で甚大な被害が出たため、ついに平安京に遷都する。そしてさらなる祟りを恐れ、早良親王に「崇道天皇」の号を追称した。一説では、早良親王が史書における日本の怨霊の初出といわれる。

菅原道真《すがわらのみちざね》

別名 天満大自在天神（てんまだいじざいてんじん）など

時代 平安中期
生没年 845〜903年
神格 学問の神、雷神
神社 北野天満宮（京都府）など
登場作品 「北野天神縁起絵巻」など

学問の神となった日本三大怨霊のひとり

菅原道真は文才に優れ右大臣にまで出世した平安時代の貴族だ。しかし、ライバルに陥れられて失意のうちに死んでしまう。道真の死後、朝廷では怪事件が頻発。7人も命を落とした清涼殿《せいりょうでん》落雷事件は「道真の祟り」として非常に恐れられた。祟りを鎮めるため神としてまつられた道真は、やがて学問の神として崇められ、今日親しまれている。

飛梅

道真は京を去る時、庭の梅の木に「東風《こち》吹かば　にほひおこせよ 梅の花 あるじなしとて 春な忘れそ」と詠んだ。道真が大宰府に着くと、一夜にして梅の木が飛んで来たという。太宰府天満宮の本殿脇の梅の木が、その梅の木だという。

御神牛

道真の遺体を搬送中、牛車の牛が突然動かなくなったことからその地に埋葬したとの逸話が残る。

ライバルに蹴落とされ大宰府で非業の死を遂げる

学問の神として有名な「天神さま」。その正体は平安時代に実在した貴族、菅原道真だ。受験生に大人気の神さまだが、道真が神としてまつられるようになったそもそもの理由は、彼の「祟り」を鎮めるためだった。

幼い頃から文才に優れていた道真は、55歳で右大臣に抜擢。当時、学者から大臣が誕生したことは、破天荒ともいえる出世だった。それだけに時の権力者藤原氏の反感は大きかった。道真と同時に左大臣に昇格したライバル藤原時平《ときひら》が「道真は天皇の廃位を企んでいる」と讒言《ざんげん》したことで、無実の罪で失脚してしまう。901年、道真は九州の大宰府に左遷となり、菅原家一族もことごとく失権。失意のうちに病に倒れた道真は、大宰府に赴任して2年後、59歳で世を去った。「北野天神縁起絵巻」などによると、道真は死んで間もなく比叡山の僧侶のもとに現われ、「怨みを晴らす」と告げたという。

朝廷を恐怖に陥れた「道真の祟り」

一方、京の都では道真の死後、怪事件が相次いで起こっていた。908年、藤原菅根《ふじわらのすがね》が雷に打たれて落命。翌年には道真を陥れた張本人である時平が、わずか39歳で急逝する。異変はそれだけにとどまらない。時平の妹と醍醐天皇の間にうまれた皇太子保明親王《やすあきらしんのう》が21歳で死去。関係者に立て続けに起こった異変に、人々は「道真公の祟りだ」と噂するようになった。

その極めつけが清涼殿落雷事件だ。清涼殿で雨乞いをするか会議が行われていた時、にわかに黒雲が垂れ込め、あっという間に激しい雷雨となった。すると清涼殿に突然の落雷。衣服に燃え移った火に胸を焼かれて死んだ者、顔を焼かれて瀕死状態になる者が出て清涼殿はパニックに。その結果、7人が落雷で死亡。直後から醍醐天皇の体調は悪化し、退位して3か月後に崩御した。

この事件に震えあがった朝廷は、道真の荒ぶる霊を鎮めるため京都の北野の地に神殿を建立。これが北野天満宮で、道真は神としてまつられるようになったのだった。当初は祟り神として恐れられていたが、学問に秀で業績を残したことや、非業の死を遂げたことから同情が集まるように。江戸時代には寺子屋を通じ、学問の神さまとして庶民の間にも広く信仰されるようになった。

平《たいらの》将《まさ》門《かど》

別名 国王大明神（こくおうだいみょうじん）など

時代 平安中期
生没年 ?〜940年
地位 武将
神社 國王神社（茨城県）など
登場作品 『将門記』など

首だけとなっても復讐を誓った

現代でも「祟り」を恐れられる日本三大怨霊のひとり。平安中期の武将で、周辺の豪族や同族を相手に争い連戦連勝。東国で勢力を広げ、自ら「新皇」と称し独立を図ったが討ち取られてしまう。京都で晒された首は復讐を誓い、胴体を求めて故郷の東国に飛んだ。その首を埋葬したという「将門塚」は、取り壊そうとすると怪異があると噂されている。

十四日講
将門をまつる國王神社にて、将門の命日である旧暦2月14日に行われる供養行事。

滝夜叉姫《たきやしゃひめ》
江戸時代の読本『善知鳥安方忠義伝《うとうやすかたちゅうぎでん》』に登場する、将門の娘と伝えられる女性。父の死後、妖術を使って天下をくつがえそうとする。将門の三女如蔵尼《にょぞうに》をモデルにしている。

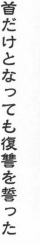

現代でも「祟り」が恐れられる将門の死に際とは？

日本三大怨霊のひとりである平将門。討ち取られた首を葬った場所といわれる「将門塚」では、現代でも「将門の祟り」が噂される。彼はどのような非業の死を遂げたのだろうか。

将門は平安中期の武将で、桓武天皇の6代目の子孫にあたる。相続すべき土地を伯父たちに奪われそうになったため応戦すると、鬼神のごとき働きを見せて連戦連勝し、土地を守りきった。その戦いぶりも尋常ではなく、当時としてはめずらしく敵を殲滅したという。戦が重なり、罠に掛けられたように朝廷の出先機関を襲うことになると、そのまま国に対する反乱軍に。東国で勢力を広げて自ら「新皇」を名乗り、関東独立に乗り出した（承平の乱）。

これに驚いた朝廷は将門を懸賞首とした。藤原秀郷［↓P80］らによってついに討ち取られた将門の首は京都で晒された。よほど無念だったのだろうか、晒された将門の首はいつまでも目を閉じず、歯ぎしりして復讐を誓い、自身の亡骸を求めて、胴体が葬られた故郷の東国に向けて飛び立ったという。

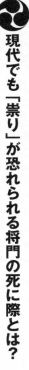

怨霊の首から英雄神へ

しかし将門の首は途中で矢を受けて落ちてしまう（一説には力尽きて落ちたとも）。東京浅草の鳥越神社《とりごえ》はその首が飛び越えたところ、冒頭に述べた千代田区大手町にある「将門塚」がその首を葬ったところとされる。それでも将門の霊は鎮まらず、『将門記』によると地獄に落ちた将門は、妻や子に地獄の責め苦の辛さを訴えたという。将門の怨念は後世に語り継がれ、中でも「将門塚」は取り壊そうとするたび、関係者に死者や怪我人を出したという都市伝説は、現在もよく知られている。

また神田明神の社伝によると、14世紀初頭に疫病が流行したが、これが将門の祟りであるとして供養が行われ、将門を祭神にしたという。将門の首は怨念の象徴として恐れられたが、己の才覚と武力で京都の朝廷から独立しようとした行為は関東の民衆に大きな影響を与え、将門を英雄として扱う気運は強かった。将門をまつる社寺が関東一帯に分布するのはこのためで、祈願するとあらゆる勝負ごとに勝つといわれる。

崇徳上皇《すとくじょうこう》

別名 崇徳天皇（すとくてんのう）など

時代 平安末期
生没年 1119～64年
地位 天皇、上皇
ゆかりの地 白峰宮（香川県）など
登場作品 『保元物語』『雨月物語』など

生きながら天狗となり怨霊の道を歩みはじめる

菅原道真〔↓P184〕・平将門〔↓P188〕と並んで、日本三大怨霊のひとりとして名高い崇徳上皇は、肉親との間に確執を抱え、不遇のうちに世を恨みながら死んで怨霊となった。平氏と源氏が武士として台頭してきた平安末期、わずか5歳で即位し、23歳で譲位。しかし、実権は父である鳥羽上皇が握り、上皇となったあとも不遇は続いた。そもそも崇徳上皇はその生い立ちから不幸だった。崇徳上皇の実父は鳥羽上皇ではなく、曾祖父にあたる白河法皇だというのだ。白河法皇と母璋子の密通の結果うまれた崇徳上皇は、名目上の父である鳥羽上皇から「叔父子（本当は叔父にあたる人物）」と呼ばれ避けられていた。

肉親との間に長く苦しい確執を抱えた崇徳上皇は、鳥羽法皇の死を機についに挙兵（保元の乱）。しかし敗北し、讃岐国（香川県）へと流されたのだった。讃岐に配流された崇徳上皇は、不遇な生活の中でますます恨みを募らせていった。京への帰還を願い、また亡き鳥羽帝の菩提を弔うために都に送った五部大乗経を「呪詛が込められているかも」と突き返されてしまったのだ。一説には、この写経は自らの血でしたためたともいわれている。この拒絶に怒り狂った崇徳上皇は、「自分は大天狗となって、天皇は民となり、民が天下を取るようにしてやる」と宣言。髪も爪も切らず、生きながら天狗のように成り果て、京に戻ることなく46歳で生涯を閉じた。

崇徳上皇没後災いがはじまり、幾多の動乱が起き、京は大火で焼け、崇徳上皇に対立した朝廷に関係する人々は次々と死んでいった。このため、崇徳上皇の遺体を弔う白峰宮には朝廷からの保護が与えられた。それでも京の災いは収まらず、天皇にかわって武士の世となり、崇徳上皇の怨霊は暴れ続けたという。その700年後の1868年、その悲運の人生を慰撫するため、ようやく崇徳上皇の御霊は明治天皇によって勧請された京へと帰還したのだった。

源義家《みなもとのよしいえ》

別名 八幡太郎（はちまんたろう）など

時代 平安末期
生没年 1039～1106年
地位 武将
神社 平塚神社（東京都）など
登場作品 『陸奥話記』『平治物語』など

源氏の氏神が八幡神になったカギは八幡太郎にあり？

5月5日の端午の節句では、兜や五月人形を飾って男子の健やかな成長を祈願する。この五月人形のモデルのひとりとされる人物が、源義家だ。平安時代後期の武将である義家は、のちに鎌倉幕府を開く源頼朝の祖先にあたる。

奥州の豪族安倍氏と戦った前九年の役では父とともに活躍し、名声をあげる。その後、後三年の役で清原氏の内紛を鎮圧、東国に源氏の基盤を築いた。この戦いの時、雁の飛び立つ様子が乱れていることに気づいた義家が、敵の伏兵を見破ったというエピソードは有名だ。義家の勇敢さは「天下第一の武勇の士」と讃えられ、武将の理想像として伝説化していった。

義家には八幡神からとった「八幡太郎」の異名がある。現在、全国で最も多いとされる八幡神社の祭神は、神功皇后［→P48］の皇子ホンダワケ（応神天皇＝八幡神）。もとは朝廷の祖霊として崇拝されていたが、源氏の氏神となったのには義家の生誕が関わっていたという。父頼義が石清水八幡宮に参籠した時霊剣を賜る夢を見て、そのあとに義家がうまれた。石清水八幡宮で元服した義家は八幡太郎と名乗るようになる。さらに、義家の祖父の頼信が河内守に任じられると、管内に応神天皇の御陵があることに触発され、「石清水八幡宮は源氏の氏神」とする告文を納めたというのだ。以来、源氏は八幡神を氏神とした。頼朝も例に漏れず、平氏討伐の出陣に際し、鎌倉で八幡神に祈願、これが鎌倉の人気観光地鶴岡八幡宮の起こりである。また一説には、八幡宮の祭神が応神天皇と神功皇后という「三韓征伐」に関与した神々であったことから、武神としての信仰が武人の間に高まったためともいわれている。

義家を祭神とする神社は、平安後期頃に創設されたという平塚神社。義家から鎧一領を下賜された領主が、鎧を清浄な地に埋めて塚を築き、自分の城の鎮守としたことにはじまると伝えられている。

安徳天皇《あんとくてんのう》

別名　言仁親王（ときひとしんのう）

時代　平安末期
生没年　1178～85年
地位　天皇
神社　赤間神宮（山口県）など
登場作品　『平家物語』など

祖父の権力欲に翻弄されて海に消えた幼帝

わずか8歳の幼い天皇が祖母に抱きかかえられて入水する――『平家物語』の中でも特に涙を誘う場面として有名だ。その幼い天皇、安徳天皇は高倉天皇の第一皇子で、平清盛の次女である徳子（健礼門院）を母にもつ。背中まで伸ばした髪がゆらゆら揺れる可愛らしい容姿で、実は女の子だったのではないかとする説もあるほどだ。

平家一門の期待の中でうまれた安徳天皇は、なんと3歳で即位する。強引に即位させたことで念願の外戚の地位を獲得した清盛は、名実ともに頂点に立つことに成功。ところが即位の翌年、清盛が死去したことで事態は一変する。平氏は源氏との戦いに敗れ、安徳天皇も平家一門に連れられて都落ち。源平最後の合戦となる壇ノ浦にて源氏に追い詰められた時、安徳天皇が祖母の二位尼《にいのあま》（平時子）に「どこへ行くの？」と尋ねると、二位尼が「極楽浄土にお連れいたします」と告げる。すると安徳天皇は自ら手を合わせ、東（伊勢神宮）を拝し、続けて西に向かって念仏を唱えたという。そして祖母に抱きかかえられると、三種の神器もろとも海の底へと沈んでいったのだった。

一説には、安徳天皇の遺体は現在の山口県下関市へ流れ着き、地元の漁師たちによって引きあげられ、阿弥陀堂に埋葬されたという。その6年後の1191年、安徳天皇の異母弟である後鳥羽天皇により御影堂が建立され、明治維新の神仏分離令を経て赤間神宮となった。ちなみに前身の阿弥陀寺は、小泉八雲（ラフカディオ・ハーン）の怪談「耳なし芳一」の舞台となっている。

一方で安徳天皇の死後、生存説がまことしやかに語られるようになった。長崎県対馬市には安徳天皇の墓といわれる地があり、壇ノ浦で難を逃れた安徳天皇がこの地で晩年を過ごし、70余歳で亡くなったと伝える。悲運の幼帝に同情する人々の心が、こうした伝説をつくり出していったのかもしれない。

楠木正成《くすのきまさしげ》

別名　大楠公（だいなんこう）など

時代　鎌倉末期〜南北朝
生没年　?〜1336年
地位　武将
神社　湊川神社（兵庫県）など
登場作品　『太平記』など

勤王の理想像となった南北朝の忠義者

後醍醐天皇の鎌倉幕府打倒に尽力した武将。後醍醐天皇による建武の中興が武士の反感を買い破綻したあとも、天皇に忠誠を誓って最期まで戦い抜いた。幕末には、天皇へ忠義を貫く正成は勤王の志士にとっての理想像となった。明治時代に明治天皇の命により、正成をまつる湊川《みなとがわ》神社が創建。勝利祈願や武芸上達の神さまとして親しまれている。

楠公祭

正成の偉業を讃え、毎年５月25日頃に湊川神社で行われる祭事。氏子たちが執り行った私祭がはじまりで、「大楠公」を大将とする騎馬武者が練り歩く御神幸楠公武者行列などが行われる。

『太平記』

鎌倉時代から室町幕府前半までを描いた軍記物語。後醍醐天皇率いる朝廷軍の鎌倉幕府倒幕、天皇と足利氏の対立に起因する南北朝の動乱など、激動の時代を活き活きした文体で描き、講談で人気を得た。

山岳ゲリラ戦法を用いて大軍を翻弄した天才的軍略家

皇居の前には、軍馬にまたがった甲冑姿の武将の銅像が立っている。この銅像の主は南北朝の武将楠木正成。最期まで天皇への忠誠を貫いた武将だ。

後醍醐天皇の鎌倉幕府打倒に呼応した正成は、得意の山岳ゲリラ戦法を用いて少ない兵力で幕府軍を翻弄。赤坂城の戦いや千早城の戦いなどでは「野伏《のぶし》(山野に隠れて追いはぎや強盗などを働いた武装農民集団)」を歩兵として駆使し、山中の要所要所で待ち伏せさせた歩兵が幕府軍に大打撃を与えた。騎兵中心の戦闘から歩兵が活躍する戦いへと変化しつつあった時代に、正成はうまく対応した戦術をとったのだ。軍記物『太平記』では、正成の出生を軍神毘沙門天に結びつけて、その天才的軍略の由来を語っている。

鎌倉幕府が倒れたのち、後醍醐天皇は建武の中興を行ったが、公家を優遇する政策だったため多くの武士が天皇に反発。しかし、正成は天皇への忠誠を貫き続けた。1336年、討ち死にを覚悟して摂津国(兵庫県)湊川で足利尊氏の大軍を迎え撃つが、敗北。弟の正季や一族とともに、「七生報国(七度生まれ変わって国に忠誠を尽くすこと)」を誓ってこの地で自害した。

変わらぬ天皇への忠誠心が正成を神にした

後醍醐天皇に最期まで尽くした正成の忠誠心は後世の人々に語り継がれ、英雄視されていった。豊臣秀吉[→P208]は荒廃していた墓所の租税を免除。江戸時代には、儒学を重んじる徳川光圀が墓碑を建立し、正成の忠誠を讃えた。

幕末になると、海外列強の開国の圧力に対し国を守るのは徳川幕府ではなく天皇だと主張する尊王攘夷が叫ばれるように。正成の勤王の精神は、吉田松陰ら尊王派の志士たちの崇敬の対象となった。

1872年、明治天皇の命により正成終焉の地と伝えられる湊川に湊川神社が創建され、改めて正成は神としてまつられるようになった。冒頭に述べた銅像は、1900年に住友家から宮内省に献納されたものだ。正成の天皇への忠誠心は理想とされ、死地に向かう前に「足利の世になっても命を惜しまず戦うように」と息子に言い残す場面(桜井の別れ)は戦前の教科書にも載った。現在、地元では「楠公さん」と呼ばれ勝利祈願の神さまとして親しまれている。

北畠顕家《きたばたけあきいえ》

時代 鎌倉末期～南北朝
生没年 1318年～38年
地位 公家、武将
神社 霊山神社（福島県）など
登場作品 『太平記』など

公家でありながら将軍？ 21歳の若さで戦場に散る

南北朝の動乱を描いた軍記物『太平記』には、足利尊氏や楠木正成といった個性的な武将が登場する。その中でも異彩を放つのが北畠顕家である。公家として詩歌や舞をたしなむ一方、弓の名手とされ、美少年と伝わることからNHKの大河ドラマでは女優の後藤久美子がキャスティングされて話題となった。

南朝の重臣である北畠親房の長男としてうまれた顕家は、後醍醐天皇の寵愛を受け異常なスピードで昇進。後醍醐天皇の建武の中興の政策のもと、わずか16歳で陸奥守となり、さらに鎮守府将軍となり東北を鎮圧。

足利尊氏が敵対して京に進軍してきた際には、東北から上京して尊氏の軍勢を攻撃。尊氏はたまらず九州へ敗走。この時顕家軍が鬼神のごとく走り抜けた速さは1日に平均40㎞弱と考えられ、のちの豊臣秀吉［→P208］による「中国大返し」を遥かに超えるスピードだったという。また、顕家は武田信玄が使ったことで有名な「風林火山」の旗印を信玄より前に用いていたという。まさに「はやきこと風の如く」を体現していたことになる。

顕家はいったん東北に戻されたが、尊氏が勢力を盛り返したことで再び後醍醐天皇に呼び寄せられた。関東諸豪に圧勝するなど各地で転戦するが、後醍醐天皇の失政により無理な戦を立て続けに強いられていた顕家は、この時激しい言葉で天皇を諫める文を記したという。その後、すっかり消耗したところを高師直《こうのもろなお》の軍勢につかれ戦死。わずか21歳で生涯を閉じた。

楠木正成［→P198］とは家柄も人柄も対照的ではあったが、明治時代には同様に南朝の忠臣としてまつられ、霊山神社と阿部野神社が創建された。霊山神社は親房・顕家・顕信・守親の北畠親子を祭神とし、顕家が陸奥国府を置いた地に鎮座する。阿部野神社は顕家が足利方に敗れて亡くなったとされる地に、地元の有志が祠を建立したことにはじまり、親房・顕家親子を主祭神とする。

上杉謙信《うえすぎけんしん》

別名　長尾景虎（ながおかげとら）など

時代　戦国
生没年　1530～78年
地位　武将
神社　上杉神社（山形県）など
登場作品　『謙信軍記』『甲陽軍鑑』など

戦国最強と謳われた「越後の龍」

越後国（新潟県）の戦国大名。甲斐国（山梨県）の武田信玄とはライバル関係で、川中島の合戦で何度も戦った。北陸で織田軍を破ったのち、大軍を編成したが直前で病死。自らを軍神毘沙門天のうまれ変わりと信じ、生涯正室や側室をもたなかった。清廉な人柄で、最後まで「義」の精神を貫いた武将といわれている。

「敵に塩を送る」

「争っている相手が苦しんでいる時に、争いの本質ではない分野については援助を与えること」を意味することわざ。この由来は、今川氏に塩の輸送を止められた武田氏に対し、謙信は今川氏の行いを「信義にもとる」とし、この経済制裁に加担しなかった。謙信の道義を重んじる性格を表す逸話としてよく知られる。信玄からは返礼として「塩留めの太刀」なる逸品が贈られたという。

「第一義」を掲げ生涯70余の戦に赴く

越後守護代長尾家の末子としてうまれた謙信は、はじめは長尾景虎と名乗っていた。病弱だった兄の名代として戦の指揮を執ることになるが、たちまち武将としての才覚を見せつける。その後、多くの者に推され、19歳で家督を継ぐことに。下剋上が当たり前の時代に私利私欲をもたず、幾度も繰り返された北条氏康との戦いも関東諸将の要請によるもので、生涯70余度にもおよぶとされる戦も領土拡大を目的としたものではなかったという。のちに上杉家より家督と関東管領職を引き継ぐことになった。

最大のライバルである武田信玄との戦も信濃衆の救援が発端だった。川中島の合戦は5度行われたが、中でも有名なのが1561年の第4次の合戦だ。上杉軍と武田軍が激突し白兵戦を展開。戦国時代でもまれな激戦となったが、結局勝敗はつかなかった。また、有名な謙信と信玄の一騎打ちは、実際に行われたかは明らかではないようだ。

実は女性だった？ 謎の多い名将

上杉軍の精強さは有名で、江戸時代の庶民が戦国武将の軍兵の強さを歌った番付歌でも上杉軍は一番にあげられている。その軍勢を率いた謙信は自らを毘沙門天の化身と信じ、家臣にも「我を毘沙門天と思え」と言ったという。毘沙門天とは、仏教を守護する四天王のうち北方を守護する軍神だ。毘沙門天の信仰は、聖徳太子［→P106］が物部氏との戦いの時戦勝祈願したことがはじまりといわれる。

清廉で信心深い謙信は出陣に際して僧侶を伴い、当時としては珍しく正室も側室ももたなかった。そのため小姓らとの男色説、果ては実は女性だったという説まで噂されている。しかし、謙信は若い頃より仏教を篤く信仰していたため、女犯の戒律を守ることで先勝祈願をしていたとも考えられる。最後まで「義」の精神を貫いた名将として上杉神社や春日山神社など、ゆかりの深い地にまつられている。上杉神社は江戸時代屈指の名藩主上杉鷹山《ようざん》も祭神として合祀され、諸願成就などのご利益が人気を集めている。

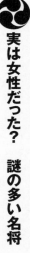

豊臣秀吉《とよとみひでよし》

別名 豊国大明神（ほうこくだいみょうじん）など

時代 戦国
生没年 1537〜98年
地位 武将、関白、太政大臣
神社 豊国神社（京都府）
登場作品 『太閤記』など

立身出世の神となった秀吉の伝説は本当？

織田信長に仕えて出世街道をひた走り、信長の後継者として天下を統一した豊臣秀吉。死後、その偉業により朝廷から「豊国大明神」の神号を下賜され、豊国神社にまつられて神となった。しかし、それは秀吉自身が残した遺言によるものだった。

信長の草履取りからはじまり頭角を現していった秀吉は、信長を殺した明智光秀［→P128］を「中国大返し」によっていち早く討伐。信長の後継者の地位を勝ち取って天下人となり、晩年は無謀な朝鮮出兵を行い、その最中に伏見城で病没した。その死の直前に、秀吉は自身を神としてまつるよう遺言を残したのだ。神格化を推進したのは、吉田神道の梵舜《ぼんしゅん》。秀吉自身は「新八幡」の名を望んでいたが、結局「豊国大明神」の神号で決着した。その理由は、天皇家の祖神として信仰される八幡神と秀吉が一体化することに、朝廷側が忌避を示したためだった。

また、秀吉の出生は謎につつまれており、自己宣伝的な要素と重なって突拍子もない物語も創作された。1590年、秀吉が54歳の時の外交文書には、自分がうまれる時に母は太陽が腹の中に入る夢を見たと記している。さらに創作された伝記ものを通じて、庶民の間にも「秀吉は天皇の落胤である」という話が広まっていった。一方で、秀吉の指は6本あった、という驚くべき話も伝わっている。秀吉の神秘性を高めるためのつくり話のように思えるが、これを記したのはポルトガル人宣教師のルイス＝フロイス。彼の著作『日本史』は戦国時代の日本を客観的に記録し、重要な史料として評価をされているため、秀吉の6本指伝説は、一概につくり話として否定することはできないだろう。

また、秀吉の地元大阪では現在も「太閤さん」と呼ばれて親しまれ、出世開運の神として信仰を集めている。

徳川家康《とくがわいえやす》

別名 東照大権現（とうしょうだいごんげん）、東照神君（とうしょうしんくん）など

時代 戦国～江戸初期
生没年 1542～1616年
地位 武将、征夷大将軍
神社 日光東照宮（栃木県）など
登場作品 『史疑 徳川家康事績』など

江戸幕府の守護神となった家康は実は影武者だった？

長きにわたる戦国時代を終わらせ、江戸幕府の初代将軍となった徳川家康。亡くなったのは1616年、大坂夏の陣で豊臣家が滅んだ翌年に駿府城にて75歳で病没した。家康は死の間際に側近を集め、「遺体は久能山《くのうさん》に葬り、葬儀を増上寺で行い、位牌は大樹寺に納め、一周忌が過ぎてから日光山に小さな堂を建てて勧請せよ」と遺言を残したという。

その遺言通り、遺体はその日のうちに久能山に移され、吉田神道による神葬祭が行われた。久能山は家康が少年期と晩年を過ごした駿河国（静岡県）にあり、西方の諸大名を睨む形で久能山東照宮が創建されたのだ。同時に江戸の増

上寺にも廟がつくられ、朝廷からは「東照大権現」の神号を下賜された。死去の翌年、日光山に改葬され、家康は新たに神としてまつられるようになった。

ところが、駿府城で死んだのは家康本人ではなく影武者だという説がある。南宗寺に伝わる寺歴によると、本物は大坂夏の陣で死んでおり、同寺に埋葬されたあと、久能山に改葬されたという。2代秀忠が参拝し、その直後に新将軍となった3代家光も詣でていることが有力な証とされている。

また入れかわったタイミングは、1560年の桶狭間の戦いから数年後に家臣によって討たれてからとする説もある。もしこの時期に入れかわっていたならば、長男である信康に切腹を命じることも平気だというのだ。信康切腹事件は、武田家との内通を疑った織田信長による命令とも、徳川家臣団の分裂を防ぐためのやむを得ない手段とも諸説あるが、影武者であったなら、のちの実子となる子（＝秀忠）のために信康を始末したくなったとも考えられるだろう。

家康の影武者説は1902年に『史疑 徳川家康事績』が上梓されてから流行し、小説や漫画となり広く知られるようになった。太平の世を築き、江戸幕府の守護神となった家康は、多くの謎も抱えているといえるだろう。

真田幸村《さなだゆきむら》

別名 **真田信繁**（さなだのぶしげ）、**真田源次郎**（さなだげんじろう）、**左衛門佐**（さえもんのすけ）**など**

時代 戦国
生没年 1567?～1615年
地位 武将
ゆかりの地 眞田神社（長野県）など
登場作品 『大坂御陣覚書』『武辺咄聞書』『真田家譜』など

戦国の終焉に死に花を咲かせた日の本一の兵

エンタメ作品などでは、通称の幸村で呼ばれることが多い戦国武将、真田信繁。戦国の幕引きとなる大坂夏の陣で討死したが、敵方総大将の徳川家康［↓P210］の首にあと一歩まで迫ったことから、「日の本一の兵」と称賛された。

しかし幸村の功績はさほど多くはなく、自らが軍の司令官として出陣した合戦は大坂の陣のみである。それでも、絶対的に不利な豊臣方に味方して、家康を窮地に陥れながら無念の最期を遂げたドラマティックな活躍は判官贔屓の日本人の心を捉え、江戸時代に入ると講談で人気を博して広く名を知られるようになった。幸村という通称も講談で語られた名であり、彼自身が幸村と名乗った記録は見つかっていない。

信濃の小大名、真田昌幸の次男として誕生した幸村は、真田家の生き残りをかけて長らく人質生活を送ったため、青年期まで何をしていたのか不明点が多い。天下人、豊臣秀吉［↓P208］が没して家康と秀吉の側近、石田三成との対立が関ヶ原の戦いに発展すると三成に味方したが、三成は敗北。戦後に紀伊九度山への流罪となった幸村は、そのまま一生を終えるはずだった。

そこへ訪れた転機が、秀吉の嫡男、秀頼からの参陣要請である。幸村は求めに応じて秀頼が待つ大坂城へ馳せ参じた。この大坂の陣には冬と夏の合戦があり、幸村は冬の陣で出城の真田丸を築いて徳川軍を押し留め、夏の陣で伊達政宗の軍を破り、家康を追い詰めるという数々の武勇を示したのである。

最終的に寡兵の幸村は力尽き、同日中に大坂城も落城。豊臣軍は敗れて戦国の世は終わった。しかしその直後から、討死した幸村は影武者で、本物の幸村は秀頼とともに九州へ逃れたという噂がまことしやかにささやかれた。このような噂をベースにして猿飛佐助［↓P158］ら真田十勇士の物語もうまれ、幸村が最期に咲かせた死に花は色鮮やかに後世へ伝わることとなったのだ。

大石内蔵助《おおいしくらのすけ》

別名　**大石良雄（おおいしよしお）など**

時代　江戸前期
生没年　1659～1703年
地位　武士
ゆかりの地　赤穂大石神社（兵庫県）
登場作品　『仮名手本忠臣蔵』など

歌舞伎やドラマを通して日本人に人気の忠義の士

現在でもドラマになり日本人に人気の『忠臣蔵』。無念のうちに切腹を命じられた主君の敵を討つため、大石内蔵助が率いる赤穂浪士四十七士が討ち入るクライマックスの場面は特に有名だ。

そのリーダーである内蔵助は、21歳の時播磨国（兵庫県）赤穂藩の家老となる。1701年、儀式のために江戸城に出向していた主君浅野《あさの》内匠頭長矩《たくみのかみながのり》が、なんと江戸城松の廊下で吉良《きら》上野介義央《こうずけのすけよしなか》を斬りつけるという刃傷沙汰を起こしてしまう。江戸城内で刀を抜くことは禁止されていたため、浅野内匠頭は異例の即日切腹を命じられ、浅野家はお家取り潰しに。さらに赤穂藩は領地没収となり、内蔵助ら藩士も浪人となってしまった。

ところが、武士同士のもめ事は「喧嘩両成敗」が通例であるにもかかわらず、吉良上野介はお咎めなし。このことが内蔵助の人生を大きく変えた。内蔵助は当初、徹底抗戦しようとする人、おとなしく従おうとする人に分かれて混乱する赤穂藩をまとめ、浅野家再興に向けてさまざまな手段を試みていた。しかし、主君の一周忌を過ぎても再興は進まない。この時内蔵助は絶望のあまり酒と女に溺れ放蕩生活を送ってしまうが、仇討ちを警戒していた吉良家を油断させるためともいわれる。いよいよお家再興が不可能だと判断すると、主君の無念を晴らすべく切腹処分を覚悟の上で、46人の赤穂浪士たちとともに、仇敵のいる吉良邸への討ち入りを決意したのだ。

内蔵助らが壮絶な最期を遂げた「赤穂事件」は人々に大きな衝撃を与え、歌舞伎『仮名手本忠臣蔵』が上演されると一躍大人気となった。明治天皇の宣旨を契機に、1912年、内蔵助をはじめ赤穂浪士をまつる神社として赤穂大石神社を創建。本懐を遂げたことから大願成就のご利益があるという。また、赤穂浪士は今でも、主君の墓がある泉岳寺に葬られている。

氏一統志』より首のみになって復讐を誓う平将門
（国立公文書館）

主要参考文献

『日本伝奇伝説大事典』 乾克己、志村有弘、鳥越文蔵、小池正胤、高橋貢編／角川書店

『日本架空伝承人名事典』
大隅和雄、尾崎秀樹、西郷信綱、阪下圭八、高橋千劔破、縄田一男、服部幸雄、廣末保、山本吉左右編／平凡社

『日本奇談逸話伝説大事典』 志村有弘、松本寧至編／勉誠社

『日本幻想文学全景』 須永朝彦編／新書館

『日本の神々の事典　神道祭祀と八百万の神々』 薗田稔、茂木栄編／学習研究社

『八百万の神々　日本の神霊たちのプロフィール』 戸部民夫著／新紀元社

『伝説の上州』 暁風中島吉太郎著／中島吉太郎氏遺稿刊行会

『お伽草子辞典』 徳田和夫著／東京堂出版

『日本の伝説　中部・東海』 藤沢衛彦著／河出書房新社

『日本ミステリアス妖怪・怪奇・妖人事典』 志村有弘編／勉誠出版

『日本全国　神話・伝説の旅』 吉元昭治著／勉誠出版

『一冊でわかる能ガイド』 丸岡圭一監修／成美堂出版

『あらすじで読む　名作能50選』 多田富雄監修／世界文化社

『戦国忍者列伝 80人の履歴書』 清水昇著／河出書房新社

『新・日本剣豪100選』 綿谷雪著／秋田書店

◎本書は２０１９年11月に小社より単行本として刊行されたものに加筆・修正し文庫化したものです。

文庫ぎんが堂

ゼロからわかる
日本神話・伝説

2020年4月20日　第1刷発行

著者　かみゆ歴史編集部

ブックデザイン　タカハシデザイン室
本文イラスト　麻緒乃助、輝竜 司、白藤与一、添田一平、竹村ケイ、
中山将平、ナカヨシ、ハヤケン・サレナ、藤科遥市、
真墨詠可、まっつん！
本文執筆　野中直美、岩崎紘子、高宮サキ、稲泉知、飯山恵美
本文DTP　松井和彌
編集・発行人　北畠夏影
発行所　株式会社イースト・プレス
〒101-0051 東京都千代田区神田神保町2-4-7 久月神田ビル
TEL 03-5213-4700　FAX 03-5213-4701
https://www.eastpress.co.jp/
印刷所　中央精版印刷株式会社

ISBN978-4-7816-7193-2